# Wie isst man das?

Der Autor: Hermann Bareiss leitet seit 1973 das in Deutschland und im Ausland vielfach ausgezeichnete Familienhotel Bareiss im Schwarzwald. Seine preisgekrönten Restaurants setzen Standards für alle, die etwas vom Essen und Trinken verstehen.



Die Deutsche Bibliothek – CIP-Einheitsaufnahme
**Bareiss, Hermann:**
Wie isst man das? : 77 schwierige Gerichte / Hermann Bareiss.
– Augsburg : Augustus-Verl., 1996
ISBN 3-8043-3053-3

Lektorat: Dr. Marianne Jabs
Grafiken/Zeichnungen: Roland Mehler, Frankfurt am Main
Umschlaggestaltung: Christine Paxmann, München
Layout: Christine Paxmann, München
Augustus Verlag Augsburg 1996

DTP-Satz: Handmade Werbeagentur Arne Teutsch
Druck und Bindung: Interdruck Graphischer Großbetrieb GmbH
Gedruckt auf 100g/m² umweltfreundlich chlorfrei oder elementar chlorfrei gebleichtes Papier.
ISBN 3-8043-3053-3
Printed in Germany

Hermann Bareiss

# Wie isst man das?

## 77 schwierige Gerichte

Augustus Verlag

# INHALT

## Was kann an einer Pizza schwierig sein? Ein persönliches Vorwort

77 schwierige Gerichte werden Ihnen in diesem Band vorgestellt. So verspricht es der Titel.

**Zunächst aber ist zu klären: Was ist ein schwieriges Gericht?**

Einfache Gerichte – gibt es die?

Gehören dazu ausschließlich Dinge wie Hummer und Schnecken, zu deren Verzehr man nicht mit unserem alltäglichen Eß-Werkzeug – Messer, Gabel und Löffel – auskommt, sondern exotische Geräte wie Zangen benutzen soll?
Was ist mit den Spaghetti? Sind die vielleicht nicht „schwierig" durch ihre fast allgegenwärtige Spritz- und Saucengefahr? Und was ist mit dem harmlosen Ei? Darf man es nun köpfen oder nicht? Und die Olive? Einfach zu essen, denken Sie? Ja, dann sagen Sie uns doch gleich: Wohin mit dem Kern?
Je länger wir darüber nachdachten, um so mehr kamen wir zu dem Schluß:

**Selbst alltägliche Gerichte können schwierig sein.**

Sie werden deshalb in diesem Buch mancherlei finden, von dem Sie früher kaum gedacht haben, daß es zum Problem werden könnte - bis Sie vielleicht eines Tages vor einem kalten Buffet standen und nicht wußten, ob und wie Sie etwas in die Hand nehmen sollten. Oder bis Sie bei einem Geschäftsessen im Restaurant plötzlich Zweifel bekamen, ob Sie den Teller mit der köstlichen Suppe auf sich zukippen dürften oder nicht.
Mit diesen Zweifel soll unser Büchlein aufräumen. Und wir hoffen, daß Sie dabei ebensoviel Spaß haben werden wie an dem, was zu den größten Freuden der Menschheit gehört: am guten Essen.

Den wenigsten Menschen muß man bei Strafe befehlen, ins (Gourmet-)Restaurant zu gehen, damit sie dort ein paar genußreiche Stunden zubringen. Im Gegenteil. Es ist wohl so, daß die meisten von uns gern gut essen gehen. Dennoch fühlen sich nicht nur Jüngere strafversetzt, wenn sie im Feinschmecker-Restaurant Platz nehmen. Und dies eben nicht, weil sie nicht gern genießen. Sondern weil sie nicht wissen, wie man das ißt, was man doch einmal so gern essen würde: die ganze leckere Gesellschaft von Austern, Hummer & Co.

**Dies Büchlein kann helfen, Schwellenängste abzubauen, indem es erklärt und beschreibt, mit welchem Besteck man bei welchem Gericht so zurechtkommt, daß es, erstens, einigermaßen bequem und leicht ist; und daß man, zweitens, eine gute Figur dabei macht.**

Dem deutschen Hang und Drang zur Grundsätzlichkeit folgend, sei noch dies bemerkt.
Ein Besuch im (Feinschmecker-)Restaurant hat mit dem Gang zum Finanzamt oder zum Zahnarzt nichts zu tun. Man braucht also nicht bange zu sein, es könnte einem irgendetwas Fürchterliches passieren. Jedenfalls ist es nicht schlimm, nicht zu wissen, daß ein Knurrhahn kein Geflügel ist und daß man Froschschenkel nicht mit Messer und Gabel ißt, sondern mit der Hand.
Alles macht man irgendwann zum ersten Mal, debütiert als Austernesser oder versucht in einem ersten Anlauf, eine Schnecke aus ihrem Häuschen zu pulen. Und niemand ist blamiert, der um Rat fragt oder um Auskunft bittet, wenn er etwas nicht weiß.

## Tip

Wenn Sie also auf der Speisekarte ein Gericht entdecken, mit dem Sie nicht die geringste Vorstellung verbinden, erkundigen Sie sich ruhig. Und wenn der Service Ihnen Bestecke bringt, die Sie allenfalls im Operationssaal oder in einer Kfz-Werkstatt, aber niemals zum Gebrauch im Restaurant vermutet hätten, fragen Sie einfach, wie Sie damit umgehen sollen.

## Im schlimmsten Fall

Und wo man Sie belächelt, weil Sie nach all dem fragen, oder wo man Ihnen süffisant zu verstehen gibt, daß man Sie für einen Hinterwäldler hält, weil Sie nicht wissen, ob man die Gabel links und das Messer rechts hält, dort verlangen Sie am besten gleich die Rechnung und betreten das Lokal nie wieder. Denn wirklich gute Gastgeber sind verständnisvoll und geduldig und erklären mit der größten Selbstverständlichkeit, was Sie wissen wollen.

## Das Wichtigste von allem

Dies Buch ist im Geist der Toleranz geschrieben – nicht im Anspruch, unfehlbar zu sein. Das gilt für die Spielregeln und Empfehlungen, wie Sie was essen. Ebenso gilt es für die Wein- Vorschläge, die zu den meisten Gerichten gemacht werden. Sie sind allenfalls eine Orientierung, der Sie folgen mögen oder auch nicht.

MAN KANN NIEMANDEM ERNSTHAFT VORSCHREIBEN ODER VERORDNEN, WAS IHM ZU SCHMECKEN HAT.

Einige Dankeschön sind abschließend auszusprechen. An Marc Bastgen, den Restaurantleiter unseres Hotels, der alle aufgenommenen Gerichte unter dem Gesichtspunkt verzehrstechnischer Richtigkeit kritisch geprüft hat. Und an Herrn Roland Mehler und Herrn Hans Peter O. Breuer, die zu diesem Buch wesentliche Beiträge geleistet haben. Dank zu sagen habe ich schließlich meiner Frau Ute, die es in Engelsgeduld hinnahm, daß sich unsere Tischgespräche, je näher der Redaktionsschluß rückte, um nichts anderes mehr drehten als darum, wie man was ißt. Wenn also in den einzelnen Beiträgen gelegentlich im Wir-Gefühl gesprochen wird, dann im Sinne eines einvernehmlichen Pluralis concordiae des Autors mit seiner Eheliebsten.

Von vornherein bitte ich um Nachsicht für ungewollte Fehler und Irrtümer. Aber es kann durchaus vorkommen, daß man am Ende vor lauter Hummerscheren, Krebszangen, Gourmetlöffeln und Dessertmessern übersieht, wie überraschend viele Gerichte auch ganz einfach essen zu essen sind: mit der Hand nämlich.

Und nun wünscht Ihnen ein bißchen Vergnügen beim Lesen und noch viel größeres Vergnügen bei Ihrem nächsten Restaurantbesuch

Ihr

Hermann Bareiss

# 1

# Artischocken

Zwischen dem Volumen einer Artischocke, das die Ausmaße einer stattlichen Apfelsine erreichen kann, und dem, was man von diesem Distelgewächs essen kann, besteht ein krasses Mißverhältnis.

**Genießbar sind nur die Blattwurzeln und der Boden.**

## Gut zu wissen

Schlichte zerlassene Butter lässt den zarten Eigengeschmack der Blattwurzeln sicher am besten zur Wirkung kommen.

Die Artischocke genießt zwar den Ruf, vitaminreich, magen- und leberstärkend zu sein und günstige Einflüsse auf die Galle zu nehmen. Aber das steht beim Genuß dieses in Nordafrika beheimateten, heute zu allen Jahreszeiten aus Italien, Frankreich oder Spanien importierten Gemüses eigentlich im Hintergrund.
Ähnlich wie die Fondue ist die Artischocke eine Art kulinarisches Gesellschaftsspiel. Zum einen, weil man sie mit den Händen ißt, was immer ein Vergnügen für sich ist. Zum anderen, weil die Schuppenblätter ideal geeignet sind, in den verschiedensten Saucen herumzustippen. Doch eins nach dem anderen.

## Wie man's serviert

Die Artischocke wird im ganzen serviert, auf einem Spezial- oder in einem tiefen Teller. Dazu werden auf Wunsch verschiedene Dips oder auch nur eine Sauce gereicht: Kräuterdressing oder French Dressing, Sauce Hollandaise oder Kräutermayonnaise.

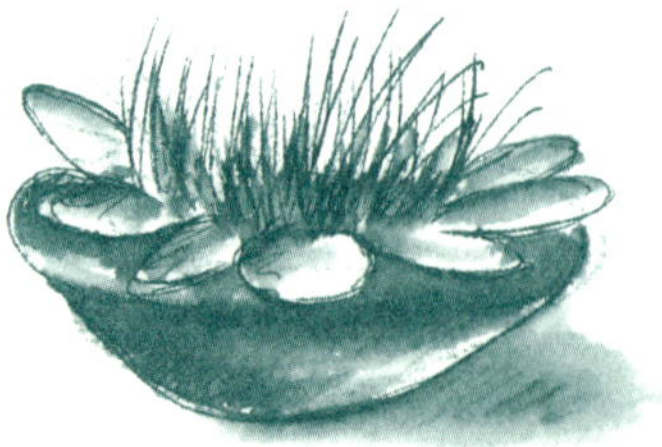

## Wie man's isst

Das Essen ist Hand-Arbeit

Nun geht's ans Hand-Werk: Mit der Linken hält man die – wie sich versteht: nicht rohe, sondern gekochte – Artischocke; mit der Rechten zupft man sich allmählich vom äußeren Blattwerk nach innen. Man zieht Blatt für Blatt, stippt jedes einzeln in die Sauce – Artischockenteller haben dafür separate Vertiefungen -, zieht das etwas dicklich-gelbe Blattende zwischen die Zähne und zuzelt das Fleisch heraus. Den ungenießbaren Teil legt man auf einen beiseite gestellten Teller.

## Das beste zuletzt

So saugt und zuzelt man bis zum Boden der Artischocke hinunter, bis man am Boden angelangt und auf das sogenannte Heu gestoßen ist (die Blütenfäden über dem Fruchtboden). In der bereitgestellten Fingerschale reinigt man sich die Finger, greift zum großen Besteck von Messer und Gabel, trennt das Heu – durch einen Schnitt, besser: durch Zupfen – vom Boden und gibt sich dem Genuß dieses Bodens hin.

**Für viele Gourmets ist der Boden die eigentliche Delikatesse, die oft auch als Beilagengemüse zum Einsatz kommt.**

### Tip

Mit Sauce Vinaigrette serviert, ist die Artischocke eine ideale Vorspeise: Die Säure des Essigs wirkt appetitanregend.

**Wer's ganz richtig machen will, ißt den weich gegarten Boden nur mit der Gabel.**

### Unser Getränke-Tip

Als begleitender Wein speziell hierfür empfiehlt sich ein halbtrockener Riesling aus dem Rheingau oder von der Mosel, ein portugiesischer Vinho Verde oder ein elsässischer Muscat.

### Achtung

Wer aufs ganze geht und die Artischocke mit Stumpf und Stiel verzehrt, mit Blatt und Heu, was guten Gewissens niemandem empfohlen werden kann, der halte sich später an einer Doppelmagnum Underberg oder Fernet fest – er wird es magenbitter nötig haben.

2

## Austern

Austern lassen sich so ziemlich alles gefallen.

Was man mit Austern nicht alles machen kann. Man kann sie in Teig backen, kann sie gratinieren, räuchern, am Spieß oder als Ragout zubereiten, man kann sie grillen, sie würzen mit Majoran, Korinthen, Zwiebeln, Bohnenkraut, Safran und Sauerwein.

### Gut zu wissen

Welche Auster Ihnen schmeckt – die flache Belon aus der Bretagne mit ihrem Nußgeschmack, die elegante Fine de Claires oder die fettere Sylter Royal von der Nordsee, die Blue Point von Long Island oder portugiesische Felsenauster – das kann man Ihnen nicht vorschreiben. Lassen Sie sich vom Service oder im Fachgeschäft darüber beraten, welche Art Ihrem aromatischen Intensitätsbedürfnis nach Salz oder Jod, wonach jede Auster in schwachem oder starkem Grade schmeckt, am meisten entgegenkommt. Die Technik, der Austern habhaft zu werden, ist bei allen dieselbe.

## Tip

Tun Sie sich selber aber den Gefallen, sich dergleichen nicht anzutun. Zubereitungen wie die genannten ersparen Ihnen zwar die kleine Mühe, beherzt die rauhe Austernschale anzufassen, um das weiche Austernfleisch aus seinem Bett zu lösen – aber...

**... für den wahren Genießer gibt es kein größeres Genußglück als Austern pur!**

## Wie man's serviert

Das frische Austernfleisch muss sich etwas zusammenziehen, wenn es mit Zitrone beträufelt wird.

Im Restaurant werden die Austern auf einem Austernteller oder einer Austernplatte auf gestoßenem Eis, bereits geöffnet, serviert. Dazu stellt man Ihnen eine Fingerschale, einen Dessertteller mit Zitrone, Schwarzbrot oder (sehr beliebt:) Chesterschnitten sowie eine Pfeffermühle hin. Manchmal kann's auch Cocktail- oder Tobascosauce oder eine Sauce Vinaigrette dazu geben. Aber wir sind autoritär genug, das für barbarisch zu halten, weil, von etwas frisch gemahlenem Pfeffer und allenfalls etwas über die Auster geträufeltem Zitronensaft abgesehen, alle anderen Zutaten vom Geschmack der Auster ablenken, statt ihn zu heben.

## Wie man's isst

Man faßt die Auster mit der linken Hand und löst das (meist nicht ausgelöste) Fleisch mit der Austerngabel vom sogenannten Bart, nachdem man zuvor, je nach persönlichem Geschmack, etwas Pfeffer (immer aus der Mühle, nie aus dem Streuer) und etwas Zitrone zur Prüfung der Frische an das Fleisch gegeben hat. Sie erinnern sich: Die Auster muß in der Säure sozusagen erschauern. Dann schlürft man (möglichst geräuschlos) die Auster mit dem verbliebenen Austernwasser unmittelbar aus der Schale.

**Wer von den differenzierten Aromen der Muschel etwas mitbekommen will, schluckt sie nicht einfach hinunter, sondern kaut sie mit leichtem Druck der Zunge gegen den Gaumen.**

## Alternative

Wer mit dem Schlürfen seine Tischnachbarn geräuschlich zu stark belästigt, kann die Auster auch mit der speziellen Austerngabel zum Mund führen.

## Hinweis

Das ideale Katerfrühstück.

Austern sind ein ebenso ideales Katerfrühstück wie eine ideale appetitanregende Vorspeise, die das Menü eröffnet. Obwohl sie als Zuchtprodukt das ganze Jahr über zur Verfügung stehen, schmecken sie am besten in der Saison zwischen September und April.

## Getränke-Tip

Weine aus Chablis betonen die Salz- und Jodtöne der Austern und können eine vollkommene aromatische Harmonie ergeben. Und mit einem Champagne Blanc de Blanc oder Weinen von der Loire liegt man sicher auch nicht falsch.

## Gerücht

Daß Austern unter den viktualischen Aphrodisiaka potenzsteigernd wirken sollen, ist ein offensichtlich unzerstörbarer Mythos, der dem realen Genuß freilich nicht standhält.

3

# AVOCADO

Es ist zum Jammern. Wie so viele Obst- und Gemüsesorten teilt die alternativ auch Alligatorenbirne genannte Avocado mit Erbsen, Bohnen & Co. das Los, zur bloßen Dekoration auf dem Teller degradiert zu sein, statt als eigenständiges und nährwertvolles Lebensmittel behandelt zu werden.

## GUT ZU WISSEN

Allerdings muß man sagen, daß die meisten Avocados, die außerhalb der ursprünglich ihnen eigenen Saison, also zwischen Mai und August, auf den Markt kommen, auch nichts Besseres verdienen: oft geschmacklose oder unreife Massenware, die in Aroma und Konsistenz nichts gemein hat mit der butterzarten Beschaffenheit der vollreifen Frucht und ihrem nussig-milden Geschmack.

EINE NATÜRLICHE COCKTAILSCHALE FÜR SÜSSES UND SALZIGES.

**Die Avocado pur zu essen ist nicht schwieriger, als eine Birne zu schneiden.**

## WIE MAN'S SERVIERT

In der Gastronomie dient die Avocado sozusagen als natürliche Cocktailschale: Der entkernte Hohlraum der Halbfrucht wird für alle möglichen Füllungen, süß oder sauer, genutzt, wonach sich dann natürlich auch die Getränkewahl zu richten hat.

## WIE MAN'S ISST

Die Frucht wird in ihrer Länge geteilt, der Kern durch gegenläufiges Drehen der Hälften herausgelöst und das Fruchtfleisch, wenn es perfekt, also butterweich, gereift ist, herausgelöffelt bis zum Schalenrand. Je nachdem, ob man Rechts- oder Linkshänder ist, hält die besteckfreie Hand das Fruchtgemüse fest.

## Alternative

Wer die Avocado lieber in handlichere Spelten schneidet, dem ist der Verzehr mit Obstmesser und -gabel nicht verboten.

## Wir trinken dazu

Weinkenner halten mild-fruchtige, samtige Weißweine mit exotischem Flair für die ideale Begleitung.

4

# Baguette

Ideal für den Anfangshunger.

Das Baguette, das für gewöhnlich in Deutschland auf den Tisch kommt, ist nicht das tägliche Brot, um das zu bitten wir im Vaterunser angehalten sind, sondern eine kläglich aufgebackene Zumutung. Viel zu weich oft die Kruste, viel zu dick oft der Teig.

**Es scheint, als ob es nur die Franzosen hinkriegten, die Kruste kroß zu backen und das Innere flauschig-locker zu erhalten.**

## Wo man's bekommt

Gleichviel, wie durchschnittlich das Baguette auch ausfallen mag, in den meisten Restaurants – vom gehobenen Lokal bis zum Italiener um die Ecke – ist Baguettebrot eine unvermeidliche Beigabe. Zweitens, weils ein schöner Zeitvertreib mit Krümeln und Bröseln ist. Und erstens, weil man den Anfangshunger damit stillt und Saucen damit aufstippen kann.

## Wie man's isst

Das Baguette kommt meist geschnitten auf den Tisch, was schon ein Fehler, aber eine in allen Restaurants praktizierte Selbstverständlichkeit ist. Das Baguette gehört gebrochen. Und auch das bereits geschnittene Baguette gehört gebrochen. Man bestreicht es nicht mit Butter wie ein Butterbrot. Sondern bricht sich Stück für Stück mundgerecht ab, bestreicht es mit Butter – oder auch nicht – und führt es zum Mund.

## AUSSERDEM

Das Baguette taugt, besonders in südlichen Ländern, als Schieber und Messerersatz oder dazu, Vinaigrettes oder Saucen aufzutunken. Die ganz feinen Leute stechen dazu die Gabel in den Brotteig und führen das Stückchen auf dem Teller herum. Die wahren Genießer benutzen die Finger.

## GETRÄNKE-TIP

Daß das Baguette keine Jahreszeit, sondern allenfalls eine Tageszeit kennt, wenn es nämlich frisch gebacken ist, versteht sich fast so von selbst, ebenso wie die Binsenweisheit, daß man zu Baguette alles trinken kann, von Wasser bis Wein. Beim Wechsel von Weiß- auf Rotwein ist Baguette zwar nicht das optimale, aber doch ein wirksames Mittel zur geschmacklichen Neutralisierung.

**Je besser der Koch kocht, um so weniger nehme man sich den Appetit durch einen zu üppigen Verzehr von Baguette.**

## ACHTUNG

ÜBER DIE VERTILGTE MENGE ENTSCHEIDET DER SUBJEKTIVE HEISSHUNGER.

Und was macht man mit den Krümeln? Beim Italiener um die Ecke funktioniert Selbstentsorgung: man wischt die Bröseln vom Tisch. In den feinen Restaurants besorgt das der Service mit allen möglichen eleganten Mitteln: vom Silberschäufelchen bis zum Teppichreiniger en miniature.

5

# Blumenkohl

Blumenkohl, auch Karfiol genannt, ist eines der beliebtesten Gemüse. Das mag am hohen Vitamin-C-Gehalt oder auch einfach daran liegen, daß er das ganze Jahr über zu haben ist.

## Wie man's serviert

Ob in der Suppe, als Gemüsebeilage, als Salat, gratiniert oder als Soufflé serviert – er ist unproblematisch für den, der ihn kocht. Und unproblematisch für den, der ihn ißt.

## Wie man's isst

Jeder kennt ihn, fast jeder mag ihn.

Man rückt ihm mit Messer und Gabel zu Leibe. Nie dem ganzen Kopf, der ja meist schon in der Küche zerteilt und in konsumierbarer Portion auf den Teller gelegt wird. Je nach Anspruch des Kochs werden nur die leicht süßlichen Röschen serviert, die man, auf die Gabel geschoben (aufgespießt ist nicht so vornehm), zum Munde führt.

## Tip

Sind mehrere Röschen noch im Strunk verbunden, schneidet man sich mit dem Messer eine mundgerechte Portion.

**Man gilt nicht als Kostverächter, wenn man den Strunk nicht mitverspeist.**

## Dazu trinkt man

Zum Douceur des Blumenkohl, poetischer auch: Blütenkohl, taugen fruchtige Weiß- und sogar Rotweine.

6

# Bouillabaisse

[D]azu gibt es [g]eröstetes Weissbrot, das mit Rouille, [e]iner Knob-lauch-Pi-[m]entmayon-aise bestri-chen ist.

Rustikal und derb gesprochen, und das tut dem Charakter dieser vielleicht berühmtesten Fischsuppe gar nicht mal so unrecht, ist die Bouillabaisse ein Fischeintopf. Ein Eintopf freilich, in den ein Koch mit Berufsehre nicht die Abfälle gibt und so eine verdeckte Resteverwertung betreibt.

**Eine aromatisch interessante Palette von verschiedenen, frisch gegarten Fischen, die in die sudkräftige Suppe gegeben werden.**

## Wie man's serviert

Im Restaurant besorgt das der Service, und der Gast hat mit Filieren oder gar Entgräten nicht das geringste zu tun. Je nach Klasse des Restaurants wird vor dem Service ein regelrechter Demonstrationszauber veranstaltet: die Fische werden im ganzen präsentiert, bevor sie zur Zubereitung in die Küche gehen.

## Viel Drum und Dran

Später dann werden Brühe und Fische getrennt voneinander serviert: Die filierten Fische werden, in mundgerechter Portion oder in Filets, in den Tellern vorgelegt, dann mit der Brühe übergossen und dem Gast vorgesetzt.

## Wie man's isst

Die Bouillabaisse wird völlig normal mit dem Löffel (und Gabel zum Nachschieben) gegessen, zwischendurch beißt man ein Stück vom Brot ab, das im Mund in Verbindung mit der Brühe ganz besonders gut schmeckt.

## Alternative

Manche zerteilen das Brot mit der Hand und geben es in die Suppe, um es zugleich mit dem Sud aufzulöffeln.

### Noch eine Alternative

Wo die Rouille à part serviert wird, kann man die Mayonnaise auch direkt mit dem Sud verrühren, was ihn dann ein bißchen schlierig-schmierig aussehen läßt.

### Achtung

In hartnäckigen Fällen, bei zu festem Hummer- oder Langustenfleisch etwa – das eigentlich aber in keine Bouillabaisse gehört –, hilft rigoros das Messer, um das man, ohne rot zu werden, bittet.

**Sind die Fischfilets zu groß ausgefallen, teilt man das meist weiche Fleisch einfach mit dem Suppenlöffel oder der Gabel.**

### Getränke-Tip

Die vielen Gewürze, die der Brühe ihr besonderes geschmack-volles Raffinement verleihen, verlangen einen kräftigen, rustikalen, ebenfalls würzigen Wein – weiß oder rot – , wie er zum Beispiel in der Provence wächst.

7

## Brot

Brot zum Käse serviert böte Gelegenheit, Phantasie zu beweisen.

Deutschland ist eines der Länder mit einer besonders langen Brot-Tradition und mit einer besonders reichen Brot-Kultur. Davon ist in den deutschen Restaurants allerdings so gut wie nichts zu erleben. Die exklusive Verabfolgung von Baguette (vgl. dort) ist in ihrer maximal langweilenden Eindimensionalität nicht zu überbieten. Und die uniformen, industriell hergestellten Fertigmischungen von Mehlen spotten unserer Sortenvielfalt an Broten Hohn.

## Wie man's isst

Ist ein Brot ein Brötchen, verfährt man mit ihm wie mit Baguettebrot: Es wird nicht geschnitten, sondern gebrochen. Und es wird auch nicht geschmiert wie ein Butterbrot (vgl. Butterbrot). Sondern man verzehrt es entweder Stückchen für Stückchen trocken, nämlich zur Suppe oder um vor dem Weinwechsel den Gaumen zu neutralisieren. Oder man wird es mit all dem belegen oder bestreichen, was zum Anlaß paßt: Marmelade zum Frühstück, Wurst zum Abendbrot, je nach Lust und Laune.

## Hinweis

Brot wird gebrochen, nicht geschnitten.

Ähnliches gilt für die großen, vom ganzen Laib geschnittenen Scheiben Brot: Man belegt oder bestreicht sie nicht vollständig, sondern so viel, daß es für ein bis zwei Bissen langt. Und so fort, bis die Scheibe verzehrt ist. Immer wieder reizvoll ist es, sich zu entscheiden, welcher Käse mit welchem Brot am besten harmoniert – wenn man einen Parallelverzehr denn goutiert (vgl. Käse).

**Das gilt vom Toast- bis zum Zehn-Körner-Brot.**

## Bedenken Sie

Wem das zu etepetete ist, der denke daran: Brot so stückweise zu essen, also bewußt zu essen kann auch verstanden werden als Respekt und Wertschätzung für eines der Ur-Nahrungsmittel des Menschen, auf das die armen und ärmsten Völker dieser Welt heute oft verzichten müssen.

# 8

# Butterbrot

Noch weniger als das Baguettebrot (vgl. dort) ist das Butterbrot im strengen Sinne ein Gericht.

**Meistens eine Verlegenheitslösung oder Ersatz für eine richtige Mahlzeit.**

## Wann man's isst

- die Stulle als zweites Frühstück in der Schulpause
- als Mittagsstärkung im Büro, wenn keine Kantine vorhanden ist
- als Reiseproviant, weil man das Angebot auf Raststätten oder im Zugrestaurant für nicht unbedingt attraktiver hält.

## Aus gutem Grund

Wie immer dem auch sei, das Butterbrot hat seine Berechtigung als notwendig kalorische Zufuhr, damit der Grundumsatz unseres Körperhaushalts nicht aus den Fugen gerät, wenn's denn nicht anders geht.

## Wie man's isst

Das Butterbrot ißt man mit der Hand. Punktum. Alles andere ist geziert und maniriert. Und wie alles, was man von Hand essen kann, hat auch ein gut geschmiertes Butterbrot seine ganz besonderen Reize, wenn man so einfach reinbeißen kann.

## Auch hier: wie man's serviert

Achtung, dass Butter und Belag nicht herausquellen!

Diese Reize freilich wollen daheim beim Schmieren vorbedacht sein. Eine gründliche Verpackung empfiehlt sich ebenso wie eine reichliche Bevorratung mit Papierservietten – ein Rest von Tischkultur sollte sogar beim Verzehr von Butterbroten erhalten bleiben.

## Wissen Sie noch?

Um die Wurst-Stulle nun nicht in den Rang der Delikatesse zu erheben, sei sie in diesem Büchlein als anekdotisch-nostalgisches Relikt unserer Schulhofzeit akzeptiert, als wir Cervelatwurst mit Gurken gegen Gouda mit Senf austauschten...

9

# Canapés

Ein Canapé ist ein kleines appetitliches Nichts, mit Lachs belegt, Ei oder Kaviar, von dem man auf Cocktailparties unsinnige Mengen ißt, in der irrigen Annahme, es sei ja so gut wie nichts. Und hinterher ist man pappsatt und kriegt von dem leckeren Menü nichts mehr hinunter, das nach dem Cocktail oder Aperitif vorgesehen war.

## Wie man's isst

Wenn's die Gastgeber gut mit einem meinen, dann sind Canapés immer „Finger-Food".

Man kann die edlen Häppchen mit den Fingern verspeisen, und zwar mit einem einzigen Bissen. Das ist sehr unkompliziert: Man braucht kein Besteck, keinen Tisch für die Tellerablage. Dabei kann man in der einen Hand noch bequem das Getränkeglas halten und mit der anderen, ohne einen Bänderriß zu riskieren, noch eine Papierserviette zwischen zwei Finger klemmen und sich den Bissen einverleiben und anschließend den Mund abwischen.

**Einfach nur: zugreifen und genießen.**

## Achtung

Wenn's die Gastgeber aber noch besser als nur gut mit einem meinen und glauben, ihren Gästen halbe Hummer- oder Wachtelbrötchen als überdimensionierte Canapés schuldig zu sein, dann wird auch für den Autor guter Rat teuer. Da halte man Ausschau nach einer Ablage, wo man, auf einem Tellerchen oder einer Serviette, das Brötchen zwischenlagern oder das Sektglas absetzen kann. Ansonsten versuche man sich in der Akrobatik, mit vollen Händen und vollem Mund gescheite Konversation zu betreiben.

### ALTERNATIVE

Oder man verlasse einfach die Party und gehe direkt ins Restaurant, wo es für Lachs und Wachtel Teller und Besteck gibt.

## CHAMPAGNER

Champagner ist nicht etwa eine bisher unentdeckte viktualische Delikatesse, für deren Konsumation ein besonderes Besteck nötig wäre. Sondern wir meinen hier wirklich jenes edle Getränke, dessen Verächter zu seiner Bezeichnung den verbalen Giftpfeil „Gewerkschaftsbrause" in ihrem Sprachköcher parat haben.

### TRINKEN KANN IHN JEDER

Aber da es sich bei diesem Büchlein um ein Genußbüchlein handelt, sollte unbedingt auch von Champagner die Rede sein, wo über Austern, Kaviar & Co. gesprochen wurde.

EINE BITTE: DAS GLAS NICHT AM BODEN, SONDERN AM STIEL ANFASSEN, DAFÜR IST ER DA.

### ABER WIE GENIESST MAN IHN?

Wie trinkt man die schäumende Tropfbarkeit? In großen Zügen selbstverständlich. Das sagt nicht der heimliche Biertrinker, der vor Dom Pérignon und Adelsgenossen keinen Respekt hätte. Sondern das rät der Champagnerfreund, der weiß, daß vornehm-zurückhaltendes Nippen oder Schlürfen (was sich übrigens nicht gehört; nur Austern darf man schlürfen) zu keinem Genuß führt, weil man bei Nippen und Schlürfen allenfalls das konsistenzielle Erlebnis hat, daß es sich bei Champagner um Schaumwein handelt. Schmecken tut man nichts.
Nur keine Hemmung also. Sprechen Sie der königlichen Kreszenz in solchen Schlucken zu, daß Sie subjektiv etwas von seinem subtilen Parfum mitbekommen und objektiv gesellschaftsfähig bleiben. Das sind Sie spätestens dann nicht mehr, wenn Sie den Flaschenhals an die Lippen setzen – so war's dann auch wieder nicht gemeint mit den großen Schlucken.

10

# Chicoréesalat

Wenn man sich's mit Anstand einfach machen kann, mache man es sich einfach.

Mit Messer und Gabel umgehen zu können ist kein artistischer Selbstzweck, mit dem man sich und anderen beweist, wie mehr oder weniger elegant man mit Besteck hantieren kann. Sondern diese Dinge haben eine dienende Funktion. Weshalb bei Salaten – Möhre, Gurke, Kraut usw. – das Messer sein kann, aber nicht sein muß (vgl. Salat).

## Wie man's isst

Bei Chicoréesalat geht das nicht. Meist wird er, vom Strunk schon befreit, in der Form einzelner Staudenblätter serviert, die im ganzen nicht zu essen sind. Man muß sie zerteilen. Das geschieht geschickterweise mit dem Messer, das quer zum Blatt angesetzt und durchgezogen wird. Die verzehrgerechte Menge wird mit dem Messer – oder auch mit einem Brotstückchen – auf die Gabel gehievt (immer von vorn, nicht, wie oft falsch gemacht, von der Seite) und dann gegessen.

## Achtung

Wie für alle Salate gilt auch für den Chicoréesalat:

**In welcher Sauce er auch immer serviert wird – es könnte spritzen.**

## Daher

Stecken Sie sich die hoffentlich ausreichend große Serviette in den Kragen von Bluse oder Hemd (das ist durchaus gesellschaftsfähig), um die teure Seide vor Verunreinigung zu schützen.

## Dazu trinken Sie

Wer jugendliche Tannine beim Wein schätzt, sollte beim Chicorée auf den Genuß verzichten: sie betonen die Bitterkeit des Salats. Es empfehlen sich fruchtige Chardonnays oder halbtrockene Rieslinge von der Saar oder dem Rheingau.

# 11

# Chips

Sie sind ungesund, machen dick und fett. Und machen vor allem Durst, was als umsatztreibendes Mittel in den Bars hauptsächlich auch ihre Funktion ist.

## Wie man's anstellt

Wenn man sie denn ißt, dann nur mit der Hand. Aber dann nicht eine Handvoll, die man im Rollgriff aus der Schale holt. Sondern Chip für Chip. Wem das zu wenig ist, der gebe auf ein eigenes kleines Tellerchen einen Löffel voll Chips. Das ist appetitlicher und hygienischer, als mit allen fünf Fingern hineinzulangen.

**Am besten ißt man sie überhaupt nicht.**

## Tip

Am Tellerrand sollte immer eine Papierserviette parat liegen, damit man sich von Fett-, Salz-und Paprikaresten reinigen kann.

## Getränketip

Zu Chips kann man alles trinken, was nur irgend den Durst löscht. Am besten Wasser. Dann wird die Zeche nicht so hoch.

Am besten sind Chips dort, wo sie hausgemacht sind, was bei ganz feinen Adressen tatsächlich noch vorkommt.

12

# Clubsandwich

Ein Clubsandwich, richtig gemacht, ist eigentlich nicht zu essen. Jedenfalls nicht mit Messer und Gabel.

## Vorsicht!

Das Clubsandwich ist ein internationaler Klassiker.

Was passiert, wenn Messer oder Gabel zur Spaltung eines vierstöckigen Toastgebildes eingesetzt werden? Das kann man sich leicht ausmalen: Es gibt ein unansehnliches Tohuwabohu aus Toast- und Huhn- und Ei- und Schinkenbrocken. Da kann einem schon der Appetit vergehen.

## Gut zu wissen

Dennoch – dieses Gericht wird in allen großen Hotels der Welt als Zwischenmahlzeit angeboten, und man muß es, wenn einen der Heißhunger überkommt, doch irgendwie verzehren können.

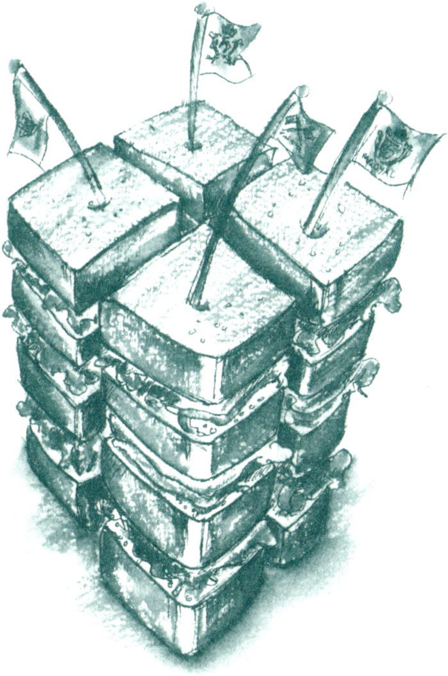

### Wie man's serviert

Ein guter Hotel-Service kommt einem dabei mit Vorarbeit zu Hilfe, indem er das Toastgetürm mit scharfem Messer viertelt und die vier Viertel mit einem Spieß zum Festhalten versicht.

**Die Etagenfüllungen können aus Geflügelfleisch, Speck, Salat und was weiß ich bestehen.**

### Wie man's isst

Dieses Clubsandwichgeviert greift man mit einer Hand am Spieß auf, die andere Hand nimmt den Toast. Man zieht den Spieß entschlossen heraus, und dann ißt man mit aller Vorsicht beidhändig und bedächtig Schicht um Schicht das handliche Viertel.

### Pannenhilfe

Nicht allein Genuss, auch Erlebnis.

Wenn einem doch etwas von der Füllschicht herunterfällt, ist man nicht blamiert: das gehört beinahe zum Erlebniswert, ein Clubsandwich zu genießen. Wer aber meint, sich deswegen in keiner Gesellschaft mehr blicken lassen zu können, kann seinem Selbstwertgefühl ja mit Whiskey wieder auf die Beine helfen...

13

## Cocktail - Früchte

Wieder einmal muß sich der Autor selber ins Wort fallen, indem er seine Aussage korrigiert, jede Dekoration (vgl. dort) sei im Prinzip eßbar.

### Soll man sie essen?

Wo am Rand des Cocktailglases eine Apfelsinenscheibe steckt, lasse man sie stecken, so sie einen beim Trinken nicht stört – das Scheibchen auslutschen, das tut man nicht.

### Noch einmal: Essen

Das Früchteschaschlik aus Kirschen und Ananas dagegen, das quer über den Glasrand gelegt ist, kann man sich einverleiben, Frucht um Frucht mit dem Mund vom Spießchen ziehend.

### Und wieder: Essen

Die Olive im Martini, wenn sie nicht aufgespießt ist, greift man, das Glas geleert, mit Daumen und Zeigefinger zur Vertilgung heraus.

### Aber

Die Olive dagegen mit einem Schluck Martini herauszuschlürfen, das finden wir ein klein wenig garstig.

### Wichtig

In allen anderen Fällen, und es gibt unüberschaubar viele, lasse man den gesunden Menschenverstand walten und sehe zu, sich beim Verzehr der Früchte so wenig wie möglich zu bekleckern und zu verkleben.

## 14

## Dekoration

Im Prinzip gilt: Es kann alles gegessen werden, was auf dem Teller ist.

### Aber

Natürlich nicht das neckische Miniatur-Schirmchen, das eine gefüllte Tomate ziert. Oder der kleine Schornsteinfeger aus Pappmaché, der den Tellerrand des Silvester-Desserts schmückt.

## Hinweis

Im Zweifelsfalle frage man den Service. Wie es ja überhaupt und generell keine Schmach und Schande ist, sich bei Unklarheiten Rat zu holen. Beim Arzt oder in der Kfz-Werkstatt macht man's ja nicht anders.

**Gemüse und Obst sind keine Requisiten, sondern: Lebensmittel.**

## Was ärgerlich ist

Bei Köchen die mitdenken, kann man die Dekoration mitessen.

Nur in einem Falle empfehle ich dem Gast den Dekorations-Boykott, in der sogenannten Spitzen-Gastronomie zumal: wenn Obst und Gemüse als dekoratives Arrangement mißbraucht werden. Ein halbes Erdbeerchen zur Linken, damit Rot auf den Teller kommt; rautiert, quadratisch, elliptisch oder kreisrund geschnittene Böhnchen, Karöttchen und Erbschen, damit man sieht, der Koch habe in Geometrie nicht gefehlt – diesen Gesamtunsinn sollte kein Gast mitmachen und den Verzehr solcher Dekoration verweigern.

# 15

# Desserts

**Hier kann sich zeigen, wer ein wahrer Meister im Beherrschen der Bestecke und ein Könner des Metiers ist.**

(vgl. auch Millefeuille, Soufflé usw.)

## Ihre mechanischen Ess-Werkzeuge

Es kommt, bis auf's Fischmesser, das gesamte Arsenal zum Einsatz, das die Menschheit zum Essen ersonnen hat.

Das Mokkalöffelchen für die Crème brulée, die im Näpfchen von 5-Mark-Stück-Größe serviert wird. Der Eierlöffel für alle Quark- und Joghurt-Nachspeisen (nur nicht aus Silber!).

Messer und Gabel, nicht in der großen Fassung allerdings, sondern in der für Süßspeisen, für alle Kuchen, von der Tarte tatin bis zur Torte von Valrhona-Schokolade.

Der sogenannte Gourmet- oder auch Saucenlöffel, mit dem auch noch der letzte Rest an Früchtecoulis, Vanille-, Erdbeer- oder Schokoladensauce vom Teller geholt werden kann.

## Alternative

Von Hand bedient man sich lediglich bei den kleinen Schleckereien, die in guten Restaurants zum Dessert gereicht werden: Pralinen, Feingebäck und winzige Küchlein von Häppchenformat.

## Getränke-Tip

Den Bacchusjüngern kann man für ihre Weinwahl eine goldene Regel geben: Der Wein muß in jedem Fall süßer sein als das Dessert, sonst schmeckt er nur bitter. Leider ist die Süßweinkultur in Deutschland, nach der übertrieben überschwemmenden trockenen Welle, noch nicht wieder en vogue. Das läßt keinen wirklichen Weinfreund daran irre werden, sich edel süße Weine schmecken zu lassen.

## Tip

Wo keine Dessert-Weinkarte vorhanden, trinke man, nur als Beispiel, zum Schokoladenkuchen einen Port – der Versuch lohnt.

# Dessert: Die unwiderstehliche Versuchung

*Stellen Sie sich vor: Im 19. Jahrhundert gehörte es vielerorts zu den Grundzügen der Prinzenerziehung, daß die kleinen Durchlauchts und Königlichen Hoheiten den Nachtisch zurückweisen mußten. Ach, er hätte ihnen doch ebensogut geschmeckt wie den heutigen, glücklichen Niemanden ihr Eis!*

*In Europa wurde schon in der Antike das süße Dessert serviert, und sicher haben wir alle uns schon gefragt, wie die Römer es fertigkriegten, ihren Gästen Eis anzubieten.*

*Das Eis aus dem letzten Winter wurde in großen Blöcken gelagert – unterirdisch, in Höhlen oder künstlich geschaffenen Kellern. Die Köche der Vornehmen raspelten den Teil des Eisblocks, der bis zu ihnen gekommen war, und mischten Honig und Fruchtsaft, vielleicht auch Wein darunter. Ob uns das geschmeckt hätte?*

*Dieses Kühl-Prinzip ist lange erhalten geblieben. Wer heute in Bayern den Biergarten aufsucht, sitzt auf der baumbestandenen Fläche, unter der einst der Eiskeller einer Brauerei lag.*

*Das Aufblühen der Dessertkunst ist mit dem französischen Königshaus eng verbunden. Ludwig XIV, der Sonnenkönig, (er regierte von 1643 bis 1715) war mit einer spanischen Prinzessin verheiratet, die erstens wenig Freude an ihm hatte und zweitens – dank der Kolonien ihrer Heimat – den Kakao mit nach Paris brachte. Sie trank ihn – sehr dickflüssig und mit Pfeffer gewürzt – am liebsten im Bett. War die Kleine trostbedürftig?*

*So richtig wußte erst der Nachfolger-Ludwig etwas mit der Schokolade anzufangen.*

*Dieser Ludwig XV. – schnell die langweiligen Zahlen nachgeliefert: Er regierte von 1715 bis 1774 – war politisch eine völlige Niete. Leider interessierte er sich nämlich für gar nichts, und daß seine wichtigste Maitresse, die Pompadour, sich lange halten konnte, ist allein der Tatsache zu verdanken, daß sie die stets gegenwärtige Langeweile des Königs mit immer neuen Einfällen bannte.*

*Aber vom Essen hat dieser Ludwig etwas verstanden! Er ließ sich in Versailles – merkwürdigerweise im Dachgeschoß – eine kleine Küche einrichten, in der er selbst Spezialitäten zubereitete, und zwar ausschließlich Schokoladengerichte. Ob wir ihm die Mousse au chocolat verdanken?*

*(Übrigens: Falls Sie sich schon gewundert haben, daß die chinesische Küche eine relativ dürftige Auswahl an Desserts anbietet – die Begründung ist einfach. Das chinesische Festmahl kennt keinen süßen Gang als Abschluß. Dort wird traditionellerweise zuletzt eine Suppe serviert. Wenn man sie nimmt, heißt das,*

*daß man nicht satt geworden ist. Wer bei Chinesen zum Essen eingeladen wird, weiß daher genau, wann er gehen sollte: in der Sekunde, da die Suppe auf den Tisch kommt.)*

*Im 18. Jahrhundert war das Eisessen in Europa dann so weit verbreitet, daß der französische Graf, der in Goethes Elternhaus einquartiert war, den Kindern Eis schicken ließ. Klein-Goethe und seine Schwester hätten es gern probiert! Leider konnte ihre Mutter, die nie Eis gegessen hatte, sich nicht vorstellen, daß die Mägen ihrer Kleinen der eisigen Delikatesse gewachsen wären, und schüttete die Köstlichkeit weg.*

*Kein Wunder, daß Goethe später dichten mußte: „Vom Eise befreit…"! Wie sonst hätte er sein frühkindliches Trauma verarbeitet?*

*Die Gelegenheit ist günstig, um einen Gedanken zu publizieren, der mir schon lange am Herzen liegt: Ich möchte den Erfinder der Schokolade für den Friedensnobelpreis vorschlagen.*

*Braucht dieser Vorschlag eine Begründung? Ich finde, er spricht für sich. Gibt es etwas, was den Menschen froher, toleranter und damit friedfertiger stimmt als Schokolade?*

16

# Dips

Dips zu stippen ist eines jener herrlich sinnlichen Eß-Vergnügungen, die darum so viel Spaß machen, weil man mit der Hand essen kann, ohne gegen irgendwelche Etikette zu verstoßen.

## Gut zu wissen

Was in Südfrankreich, Spanien oder Mexiko ein längst etabliertes kulinarisches Gesellschaftsspiel ist, hat in Deutschland inzwischen auch auf den Tischen von Gourmet-Restaurants Einzug gehalten.

**Dips sind unentbehrlich als Amuse bouche.**

## Wie man's serviert

Die wie immer auch mild oder würzig abgeschmeckten, stippgerecht eingedickten Saucen (Dips) werden in kleinen Tiegeln oder Töpflein serviert.

## Was dazu gehört

Endlich wieder mit der Hand essen.

Um sie aufzutunken, taugen nicht zu stark gewürzte Chips, Gemüsestangen von Möhren, Gurken, Sellerie oder gar Blumenkohlröschen mit Strunk, Brotstücke und -stänglein tun´s auch – alles jedenfalls, was keinen zu starken Eigengeschmack hat, der von der Würze der Dips ablenkt, und was in seiner Konsistenz geeignet ist, von Hand gegriffen, in die Saucen gestippt und genußvoll aufgegessen zu werden.

17

# Doppelstock-Hamburger

Eigentlich gibt es nur zwei Möglichkeiten, diese dem Genießer keineswegs geheure Fastfood-Erfindung zu essen.

## Entweder

Man greift das Ungetüm mit beiden Händen und beißt dort hinein, wo es den Zähnen am bequemsten ist; und dies mit wohldosiertem Druck, damit die Füllung nicht nach allen Seiten austritt.

## Oder

Man nimmt mit Messer und Gabel die Stockwerke einzeln auseinander, um sie, wie beim Millefeuille (vgl. dort), auch wenn dies ein Vergleich von schreiender Schiefheit ist, geschoßweise zu verspeisen.

Zum Verzehr eines amburgers eine gesegnete Mahlzeit zu wünschen, fällt jedem Feinschmecker schwer.

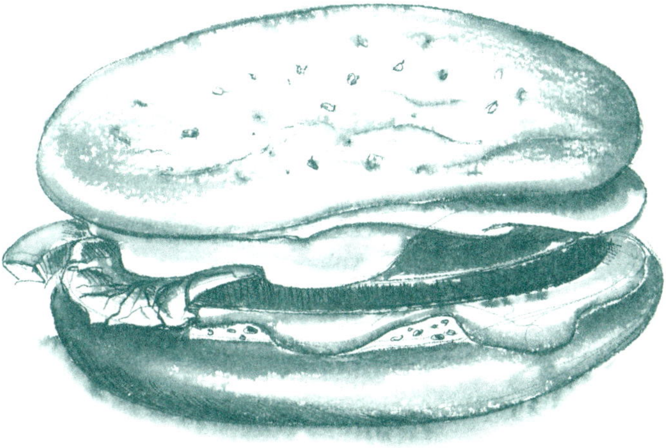

# Kein Gericht, sondern eine Zeiterscheinung: Der Hamburger

*Warum heißt der Hamburger bloß Hamburger?*
*Leider weiß das niemand. Sicher ist, daß er nicht aus Hamburg stammt, sondern aus den USA. Daß er wenige Jahrzehnte alt ist.*
*Worum geht's? Um Brot, das sich wie Watte zusammendrücken läßt. Rohe Zwiebeln, die Kommunikation nur mit Gleichgesinnten ermöglichen. Gräßlich viel Ketchup. Ein Salatblatt. Gummikäse. Eine Art Mini-Tellermine, die angeblich aus Rindfleisch besteht und schmeckt, als wenn man die Zunge zum Fenster heraushängt.*
*Ich persönlich bin richtig froh, daß der Hamburger Hamburger heißt und nicht etwa Berliner. Was wäre aus Kennedys berühmter Rede geworden, wenn er gesagt hätte "Ich bin ein Börliiner", und jeder hätte an eine in Brot gepreßte Boulette gedacht?*
*Der Hamburger gilt in der ganzen Welt inzwischen als deutsches Nationalgericht. Damit müssen wir leben. Wie die Ungarn, deren Hirteneintopf Gulyas in der internationalen Küche eine böse Verwandlung durchgemacht hat. Wie die Italiener, die keinen Italienischen Salat kennen. Und wie die Chinesen, die das Chop Suey in den USA kennenlernen.*
*Für viele Gourmets ist der harm- und reizlose Hamburger ein Stein des Anstoßes. Der Inbegriff von Fast Food. Von Verfall der Eßkultur. Von Massenabfütterung und genormtem Essen.*
*Sein Erfolg ist ein Symptom. Unsere Eßgewohnheiten haben sich in zwei Generationen stärker verändert als in Jahrtausenden vorher. Immer hatte es große Tischgemeinschaften gegeben. Gegessen wurde zu den Mahlzeiten. Wünsche wurden nur berücksichtigt, wenn sie vom Alpha-Tier des Menschenrudels kamen. Heute nehmen die meisten Menschen ihre Hauptmahlzeit am Arbeitsplatz ein. Das Essen darf kaum Zeit kosten.*
*Daher der Griff zur genormten Mahlzeit, die kein Nachdenken erfordert.*
*Auf der anderen Seite erleben wir eine Gegenbewegung. Man kocht für Gäste mit nie dagewesenem Aufwand an Zeit, Geld und Mühe. Manche Privathaushalte stehen uns Profis an Ausstattung kaum nach. Kochbücher werden ausgestattet wie Kunstkataloge. Es gibt Food-Journalisten – ein neuer Beruf.*
*Die moderne Tischrunde mit Gästen ist – bei vielleicht gleicher Größe – anders als die der vergangenen Zeiten. Wer sich heute zusammensetzt, tut es freiwillig. Er hat Freude an der Kombination von Essen und Gesellschaft. Er rechnet diese Stunden vielleicht zu den Höhepunkten seines Daseins.*
*So unglaublich es in Gourmet-Ohren klingen mag: Genau das ist es, was die Ju-*

*gend zum Hamburger-Schuppen treibt. Die Kids sitzen mit ihren Freunden zusammen, sie essen, sie reden und haben „jede Menge Spaß".*

*Wir sollten uns nicht darüber aufregen, daß das alles unter Hamburger-Begleitung geschieht. Jugendliche fühlen sich hier ungezwungen – anders als in ihren Elternhäusern oder im guten Restaurant, wo so viel falsch gemacht werden oder kaputtgehen kann. Sie üben ihre Art Geselligkeit – zwanglos, ohne Zeitrahmen, ohne Tischordnung und – ohne den Zwang, mit Messer und Gabel zu essen.*

*Und hier begegnen wir, die wir uns als Gourmets verstehen, plötzlich diesen jungen Wilden, die Hamburger konsumieren.*

*Jahrhundertelang bemühten sich die Erzieher der europäischen Menschheit, unsere Finger immer häufiger und immer vollständiger vom Essen fernzuhalten. Jetzt befreien wir uns von diesem Drill.*

*Denken wir also nicht allzu schlecht vom Hamburger. Auch er hat seine Vorteile – vor allem, wenn man ihn nicht essen muß.*

18

# Ei

## Wie man's isst

Eier im Glas bereiten keine Schwierigkeiten: Man löffelt sie mit dem Eierlöffel heraus.

Dem Spiegelei wird man mit Messer und Gabel gerecht. Und wem das weiche Eigelb auseinanderläuft, der braucht sich nicht zu schämen: So muß es sein, auch wenn's auf dem Teller dann nicht mehr so ordentlich aussieht.

Rührei läßt sich, richtig gemacht, ganz normal mit der Gabel teilen und verzehren, ohne daß es eines Messers bedarf.

**Und für's Frühstücksei gibt es die Versionen e wie elegant und s wie simplex.**

## Worauf es ankommt

Manche stippen ein Stück Weissbrot unmittelbar ins flüssige Eigelb. Das geht auch und ist zumindest in Frankreich gesellschaftsfähig.

Macht man es elegant, wird die Schale der Eispitze mit dem Eierlöffel dergestalt angeschlagen, daß es zur Sprungbildung führt. Vorsicht, daß die Sprünge nicht zu bröselig ausfallen, sonst kriegt man später mehr Schale als Ei auf den Löffel.

Mit dem Löffel wird die Eikuppe abgehoben, in die Hand genommen und ausgelöffelt. Den Rest des weich gekochten Eis ißt man nach bekannter Art: Es wird ausgelöffelt. Das hartgekochte Ei ist leichter zu schneiden als zu löffeln.

Wieder klopft man einige Sprünge in die Schale, die sich, ist das Ei ordentlich abgeschreckt, mühelos mit der Hand ablösen läßt. Das bloßliegende Ei zerteilt man dann weiter mit dem Löffel oder – besser – mit dem Messer.

## Alternative

Version simplex gestattet das Köpfen: die Eierspitze mit dem Messer anschlagen und absägen. Der Rest wie gehabt.

## Achtung

Man entwickle keinen falschen Ehrgeiz.

Das Ei im Eierbecher in waagerechtem Anschlag von seiner Spitze zu trennen hat schon blutige Folgen gehabt. Statt dessen wurde die Hand getroffen, die Becher und Ei hielt. Das muß nicht sein.

Nur ruhiges Blut bewahren, das Ei auf den Teller legen, mit einer Hand halten, mit der anderen behutsam zuschlagen – das müßte zu verzehrfertigen Resultaten führen.

19

# Ente

Es ist nicht nur die gebratene Taube, die einem nach bekannter Redensart nicht in den Mund fliegt, weil wir nun mal nicht das Schlaraffenland sind, wo dergleichen geschehen soll. Sondern auch die Ente fliegt einem nicht gebraten in den Mund. Zu ihrem Genuß muß man sich sezierend in ihre Anatomie vertiefen. Was aber weder so abenteuerlich noch so kompliziert ist, wie es klingt. Zumal ein guter Service schon hilfreiche Vorarbeit leistet.

## Worauf es ankommt

Um keine Mißverständnisse aufkommen zu lassen: Wir sprechen hier nicht von den fertig portionierten und bereits filierten Entenbrüsten, die als Tellergerichte häufig auf der Karte stehen.

**Wir machen uns an den im ganzen gebratenen Vogel, der eine ungleich größere Delikatesse ist.**

## Wie man's serviert

In der großen gastronomischen Oper wird die Ente in zwei Gängen serviert, allein schon, um den Teller nicht zu überladen: zunächst gibt es die Brust, anschließend die Keulen. Der ambitionierte Koch wird diese zwei Gänge auch in zwei verschiedenen Zubereitungen servieren lassen, die vom Service entsprechend annonciert werden.

## Wie man's isst

Wenn die Brust nicht schon in Tranchen quer zur Brust geschnitten vorgelegt wird, besorgt man es selbst ganz einfach: die Linke hält mit der Gabel das Brustfleisch fest, die Rechte trennt mit entschlossen festem Schnitt ein mundgerechtes Stück Fleisch ab.

## Alternative

Man kann auch in der Mitte der Brust beginnen, um zu prüfen, ob einem der Garzustand angenehm ist. Obwohl dies Geschmacksfrage bleibt, ist wegen ihres festen Fleisches bei der Ente eher medium als saignant angezeigt.

## Hinweis

Ob man die – hoffentlich kroß gebratene – Haut mitißt, bleibt ebenfalls der persönlichen Vorliebe vorbehalten. Wer das Fett unter der Haut nicht mag, der trennt es mit dem Messer vom Fleisch: meist braucht man nicht zu schneiden, sondern treibt zwischen Haut und Fleisch mit dem Messer eine Kerbe, von der aus sich die Haut mehr oder weniger bequem abziehen läßt.

## Mit den Fingern?

Zur anschließenden Reinigung der Finger steht eine Fingerschale mit einer frischen Serviette bereit.

Für Flügel und Schenkel gilt: Man schneidet, solange keine Artistik des Festhaltens mit der Gabel daraus wird, mit dem Messer das Fleisch um die Knochenpartie ab. Irgendwann aber wird die Anatomie um die „Scharniere“ so kompliziert, daß man tunlichst tut, was Kinder am liebsten auch mit den Schlegeln von Huhn und Hähnchen tun: Man nagt das Fleisch mit den Zähnen vom Knochen, denselben mit einer Hand haltend.

**Daß Fingerarbeit auch im guten Restaurant nicht verpönt ist, zeigt die Papierkrause an, an der man die Keule festhalten kann.**

### ACHTUNG

Arbeit mit den Fingern hin, Schneiden mit dem Messer her – man sollte darauf achten, keine Leichenfledderei zu veranstalten, was weder mit dem Messer noch mit den Zähnen hübsch anzusehen ist. Wer mit der mundgerechten Zerlegung durchaus nicht zurechtkommt, bitte den Service, die Ente so weit wie möglich zu tranchieren. Das ist schließlich nicht ehrenrührig.

### GETRÄNKE-TIP

Die Wahl des Weins hängt stark von der Zubereitungsart ab. Die Entenbrust (als Tellergericht der berühmte Magret de Canard) verträgt vorzugsweise elegante badische oder französische Burgunder. Das herzhaft würzigere Knochenfleisch oder das Entenhaxerl ist auch kräftigeren Bordeaux oder Brunellos gewachsen. Wie immer in Fragen des Geschmacks: Erlaubt ist, was gefällt. Sogar ein Weißwein: eine Grauburgunder oder Silvaner Spätlese.

20

# FASAN

(vgl. Geflügel)

Der Fasan ist ein typisches Herbstgericht. Und klassisch ist in Baden und im Elsaß die Zubereitung mit Weinkraut, Weintrauben, Kartoffelpüree und einem dezenten Parfum von Speck.

DER FASAN, EIN GANZ EDLES, BEINAH' ADLIGES FEDERVIEH, KANN UNGEMEIN SCHMACKHAFT SEIN.

**Das weibliche Tier ist saftiger als der männliche Partner.**

### GUT ZU WISSEN

Trotz des Hochgenusses, den ein Fasan bieten kann, kann man guten Gewissens eigentlich nur selten zur Bestellung raten. Was in Deutschland in vielen Restaurants geboten wird, ist meistens

Zuchtware: trocken, zäh, geschmacklos. Und meist wird der Vogel auch nicht im ganzen zubereitet, sondern nur die Brust, die vom Großhändler bereits herausgelöst in die Vorratskammern verkauft wird.

### Bitte beachten

EIN WAHRHAFT SELTENER VOGEL

Versichern Sie sich, wenn Sie Fasan bestellen, daß Sie einen auf freier Wildbahn erlegten Vogel bekommen, der zwischen September und Januar, also in der Jagdzeit, geschossen wurde. Die größte Sicherheit haben Sie in ländlichen Gegenden, wo der Koch, wenn er nicht gar selber passionierter Jäger ist, seine verläßlichen Bezugsquellen hat.

### Wie man's isst

Über den Verzehr des Vogels gilt, was im vorgenannten Abschnitt über die Ente und grundsätzlich unterm Stichwort Geflügel geschrieben steht.

### Dazu trinken Sie

Die Wahl des Weins hängt, wie so oft, von der Zubereitungsart ab. Fasan in Trüffelsauce harmoniert gewiß mit einem eleganten Pomerol. Wird er dagegen im eigenen Bratensaft serviert, empfiehlt sich für Experimentierfreudige ein Weißburgunder aus der Pfalz oder aus Baden.

21

## Fischgerichte

(vgl. Bouillabaisse, Forelle usw.)

**Von der Aura eines eher beängstigenden Karfreitagszaubers haben sich Fischgerichte längst frei machen können.**

## Gut zu wissen

Mitte der 70er Jahre war es die Entwicklung der sogenannten Nouvelle cuisine, die dem Fisch einen nahezu triumphalen Einzug nicht nur ins Gourmet-Restaurant bescherte. Das hatte einen einfachen Grund: Die Deutschen entdeckten, daß Fisch nicht widerlich fischig schmecken und mit einem Deodorant von Zitronensaft überdeckt werden mußte, weil er zu alt war. Sondern es glich einer sensorischen Offenbarung, die elegant differenzierbaren Aromen der verschiedenen frischen Fische zu goutieren, die von den Köchen im Eigen-Import morgens vom Pariser Großmarkt geholt und mittags am eigenen Herd verarbeitet wurden.

Am besten ist immer ein Fisch im ganzen.

## Hinweis

Um dieses Angebot ist es freilich nicht ganz unkritisch bestellt. Viele Restaurants beziehen vakuumierte Ware, mit der man umgehen können muß, wenn die Wasser- und Eiweißbindung beim Garen freigesetzt wird. Wer das nicht sensibel zu handhaben weiß, mutet seinen Gästen unter Umständen trockenes und faseriges oder auch wattiges Fischfleisch zu, je nach Konsistenz der Art.

**Wer ein Risiko ausschließen will, bestellt am besten einen im ganzen gegarten, gebratenen oder gegrillten Fisch.**

## Aber

Damit sollen aber beliebte und übrigens klassische Tellergerichte nicht in Mißkredit gebracht sein. Lachs in Sauerampfer, Rochen in Kapernsauce, Steinbutt in beurre blanc – das können großartige Delikatessen sein, die übrigens leicht zu essen sind.

## Wie man's isst

Werden die Filets dieser Fische serviert, und das ist fast immer der Fall, kann man sich mit Gabel (in der Linken, zum Festhalten) und Saucen- bzw. Gourmetlöffel (zum Zerteilen und um die oft herrlichen Saucen mitzunehmen) recht mühelos und bequem dem Genuß hingeben.

## ALTERNATIVE

ST. BLASIUS SOLL VERHINDERN, DASS MAN AN EINER VERSCHLUCKTEN GRÄTE ERSTICKT.

Ein Fischmesser, obwohl es eingedeckt gehört, ist in der Mehrzahl der Fälle entbehrlich, weil sich die einzelnen Bissen meist problemlos lösen lassen.

**Bei festerem Fleisch (Seezunge, Loup de mer) kann das Fischmesser nachhelfen.**

## ACHTUNG, GRÄTEN

In dieser Form serviert, hat man mit Gräten wahrscheinlich keine Sorgen und braucht also nicht mit dem Blasiussegen der katholischen Kirche ausgestattet zu sein.

## ACHTUNG

Stößt man beim Kauen dennoch auf eine Gräte, entfernt man sie hinter vorgehaltener Hand mit Daumen und Zeigefinger aus dem Mund und legt sie auf den Tellerrand. Das ist keine ganz zweifelsfreie Entsorgung, aber bestimmt ansehnlicher als das umständliche Bugsieren mit der Zunge auf die Gabel.

## WIE MAN'S SERVIERT

Wer sich den Fisch im ganzen servieren läßt – von der Forelle abgesehen (vgl. eigenes Stichwort) –, hat mit dem Verzehr auch keine Probleme: Der Service besorgt das Entgräten, Filieren und Vorlegen. Der Gast verfährt im übrigen wie oben beschrieben.

## KLASSISCHE ETIKETTE – HEUTIGE PRAXIS

Früher hieß es: Weißwein zu Fisch, Rotwein zu Fleisch und Käse. Abgesehen davon, daß man niemandem befehlen kann, was ihm zu schmecken hat, ist der Genießer sicher nicht falsch beraten, wenn er zu einem Steinbutt in Rotweinsauce oder zu einer Rascasse mit Pilzen und Knoblauch einen Rotwein bestellt.

## TIP

Ein Restaurant, das solche Gerichte auf die Karte setzt, hat sicher auch einen gut sortierten Keller und kompetenten Kellner, der zum richtigen Wein rät. Und auch in der Genußbreite, zwischen einem rassig-fruchtig-nervigen Riesling oder einem mächtig-breiten Chardonnay zu entscheiden, hilft der Rat des Sommeliers.

22

# Fondue

Fondue-Essen ist ein wunderbares kulinarisches Gesellschaftsspiel und Ausdruck liberalster Genuß-Demokratie. Denn: was für ein herrlicher Spaß, wenn die Fonduegabeln im Kessel wie beim Mikadospiel durcheinandergeraten und ein unernster Streit über Besitzansprüche vom Zaune bricht. Und was für ein herrliches Vergnügen, in den verschiedensten Saucen herumzustippen und zu dippen und zu schnabulieren, worauf man eine Lust hat.

## Gut zu wissen

Unter den verschiedenen Arten von Fondue ist die Fondue Bourguignonne wahrscheinlich die beliebteste: Im Kessel der mit fast siedend heißem Öl gefüllten Fonduegarnitur werden gewürfelt geschnittene Stücke vom Rind- oder Schweinefilet mit dem Fonduespieß von jedem Gast individuell gegart. Das geschieht in geselligem Beieinander der farblich unterschiedlich markierten Gabeln, die sich, je nach Andrang im selben Kessel, schon mal verheddern können, was nicht weiter schlimm ist.

## Wie man's isst

Es soll schon vorgekommen sein, dass Fondue-Geniesser in der Silvesternacht den Glockenschlag ver(g)essen haben...

Das gegarte Fleisch wird aber nicht mit dem Fonduespieß, der eine Gargabel ist, gegessen, sondern mit normalem Besteck – Messer, Gabel -, mit dem man sich auch die verschiedenen Saucen und Beilagen mundgerecht herrichtet. Saucen und Beilagen finden in den dafür vorgesehenen Feldern auf dem Fondueteller Platz.

Gibt's mehr Tunken als Felder, ißt man eines oder mehrere leer, reinigt das Feld mit Weißbrot und bedient sich von neuem. Die Gabel spießt man ins Fleisch, tunkt sie in Saucen, Cremes usw. und hilft mit Messer oder Weißbrot nach, wenn's einem nicht ausreicht.

**Während man ißt, brutzelt schon das nächste Stück Fleisch im Kessel.**

### Alternative

Ähnlich verfährt man bei der Fondue Chinoise, wo statt Öl eine Brühe im Kessel siedet.

### Noch eine Alternative

Bei der Käsefondue ist es statt Öl und Brühe ein cremiger Käse, in den man Weißbrotstücke tunkt.

### Achtung

Käsefondues sind bekanntlich gehaltvoll, weshalb ein Kirschwässerli zwischendurch die Verdauung erleichtern helfen soll. Man übertreibe es aber nicht damit. Sondern stille seinen Durst am Schwarztee, der ein gastrisch idealer Begleiter zur Käsefondue ist.

### Dazu trinken wir

Fondue ist ein rustikales Essen, das keine eleganten Getränke verträgt.

Für Bourguignonne oder Chinoise empfiehlt sich Bier nicht minder als ein kräftiger Côte du Rhone oder ein zünftiger Lemberger oder ein fruchtiger Beaujolais. Zur Käsefondue paßt neben Schwarztee auch Weißwein: ein markanter Gutedel (vorzugsweise ein Chasselas aus der Schweiz) oder Weiß- und Grauburgunder.

23

# Forelle

### Ein vielseitiger Fisch: musikalisch...

Auf ein mittelmäßiges Gedicht hat Franz Schubert eine hörenswerte Musik geschrieben: in Gestalt von Lied und Quintett.

**Die Forelle hat es zu manchen Ehren gebracht, zu musikalischen wie gastronomischen.**

## ...Gastronomisch...

Als Forelle Müllerin oder Blau hat der Süßwasserfisch alle Genießer-Sympathien des Gourmets.

## ...sowie in der Literatur

Einer der letzten großen Gastrosophen, Joseph Wechsberg, hat der Forelle Geltung verschafft mit seinem Klassiker „Forelle blau und schwarze Trüffel".

## Gut zu wissen

Forellen sind sicher nicht launisch.

Das Schubertlied beginnt bekanntermaßen: „In einem Bächlein helle, da schoß in froher Eil, die launische Forelle vorüber wie ein Pfeil..." Gewiß ist, daß Wildbach-Forellen wie diese beschriebene, die in den Gewässern dahinschießen, was sie schön festfleischig macht – daß diese Fische Seltenheitswert haben.

## Achtung

Was heute auf den Tisch kommt, sind meist aromenschwache Zuchtforellen statt der Wildbach-Forellen, die man an den rotgelbgesprenkelten Punkten in der Haut erkennt.

**Wer je Wildbach-Forellen gegessen hat, bestellt freiwillig keine Zuchtware mehr.**

## Wie man's isst

Gehen wir davon aus, es liegt eine ganze Wildbach-Forelle auf unserem Teller, dann zerlegen wir sie wie folgt.

## Erster Schritt

Unterhalb des Auges werden die Bäckchen – ein Leckerbissen für sich! – mit leichtem Druck der Fischmesserspitze herausgelöst und gegessen, dann Rücken- und Bauchflosse, zuletzt die Schwanzflosse entfernt. Zur Entsorgung dient ein separater Gräteteller, auf dem Sie – falls Sie mit einer Zuchtforelle vorlieb nehmen müssen – auch die Fischhaut ablegen.

## Zweiter Schritt

Mit der Schneide des Messer erfolgt ein Schnitt an der ganzen Länge des Rückgrates und ein weiterer Schnitt unterhalb des Kie-

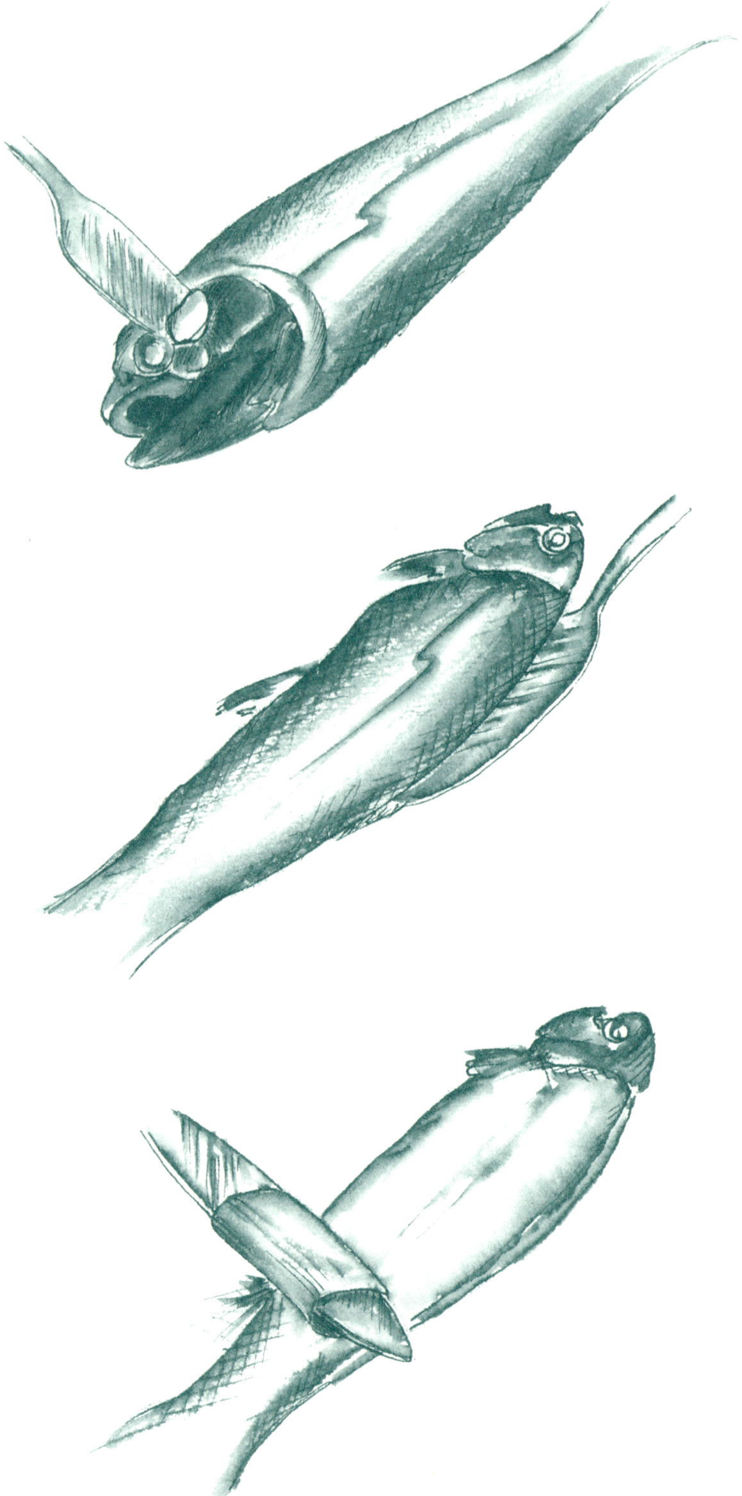

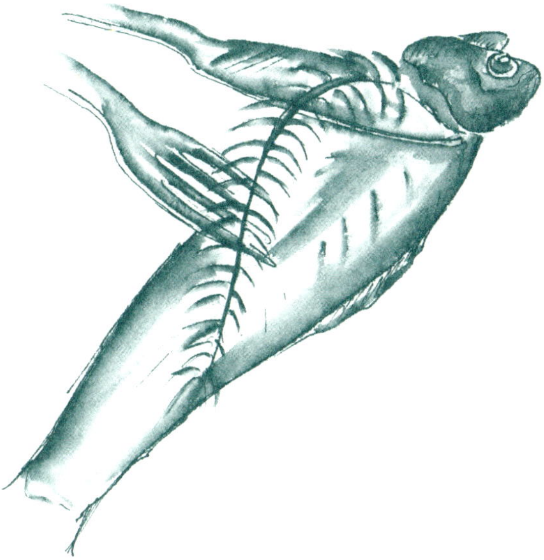

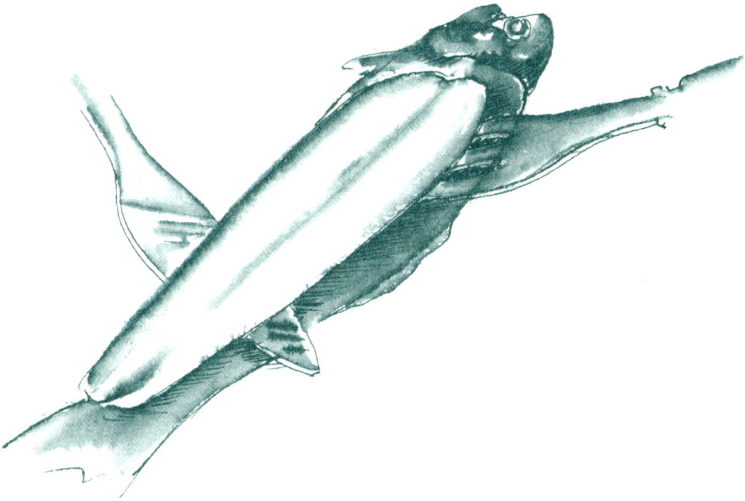

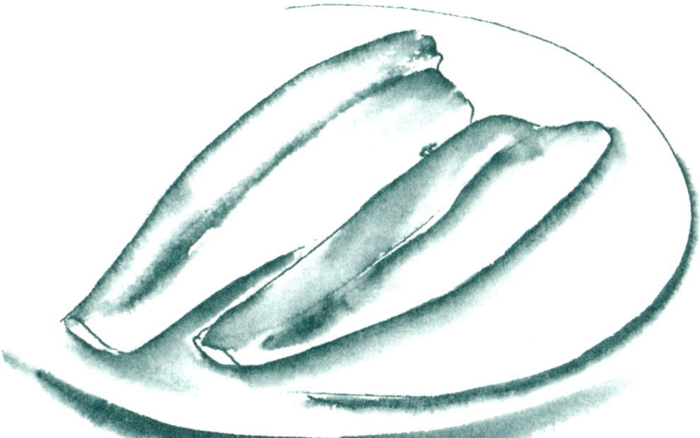

Für Kenner ein Genuss: die Haut der Wildbach-forelle.

menlappens am Kopf; nicht zu tief allerdings, damit später der Kopf mitsamt dem Rückgrat herausgelöst werden kann. Nun wird mit der flachen Seite des Fischmessers die Haut vom Fleisch behutsam gelöst, möglichst ohne es zu verletzen.

## Dritter Schritt

Das Filet kann nun von der Gräte gelöst und beiseitegeschoben, die Gräte samt Kopf vom Schwanz beginnend vom unteren Filetteil gelöst und zu den anderen Abfällen gelegt werden.

## Vierter Schritt

Das verbleibende Filet wird über den Rückenteil gewendet, so daß der untere Bauchlappen nach oben zu liegen kommt. Die Haut wird wieder vorsichtig entfernt, und die beiden Filets werden so zusammengelegt, daß der ursprüngliche Fischkörper wieder erkennbar wird.

**Klingt komplizierter, als es wirklich ist. Und wie so oft gilt auch hier: Übung macht den Meister.**

## Alternative

In der gebratenen Version, Forelle Müllerin, verfährt man exakt genauso. Mit dem Unterschied, daß die ggf. fein mehlierte, wunschgemäß goldbraun gebratene Haut vorsichtig und behutsam wiederum im ganzen vom Filet gelöst werden sollte, um sie nach der kompletten Entgrätung wieder aufzulegen: kroß gebratene Forellenhaut ist eine Köstlichkeit.

## Getränke-Tips

Zur Forelle Blau schmeckt ein trockener, gleichwohl fruchtiger Riesling. Ein älterer, vielleicht sogar schon reif-firner, halbtrockener Riesling von Mosel oder Rheingau ist eine gute Begleitung für die Müllerin. Und zur geräucherten Forelle probiere man ein Bier.

# 24

# Froschschenkel

Die Tier- und Umweltschützer unter den Lesern mögen verzeihen, daß wir dieses in Deutschland bekanntlich nicht mehr erlaubte Gericht gleichwohl in die Stichworte aufgenommen haben.

## Gut zu wissen

In Frankreich gehören Froschschenkel nach wie vor zum festen viktualischen Repertoire nicht nur der Großen Küche. Und wo sie frisch, also nicht als Frostware, angeboten werden, sollte man sich diese bei uns selten gewordene Vorspeise bestellen (einige grenznahe Restaurants nehmen sich bei uns nach wie vor die Freiheit, Froschschenkel auf die Karte zu setzen).

## Wie man's isst

Man ißt sie mit der Hand, anders geht's nicht. Die beiden Schenkel werden auseinandergebrochen und nacheinander einzeln verzehrt, indem man das Schenkelchen in die Hand nimmt und das Fleisch mit den Zähnen vom Knochen löst. Bei frischem Fleisch ist das überhaupt kein Problem, es löst sich beinahe von selbst vom Knochen.

Der Service einer Fingerbowle ist bei diesem Gericht eine Selbstverständlichkeit.

**Mit Messer und Gabel kommt man dem zarten Gebein nicht bei.**

## Tip

Das Schenkelchen mit Daumen und Zeigefinger haltend, kann man auch Sauce damit aufstippen.

# Warum essen wir mit der Gabel?

*Es war einmal eine Prinzessin. Nein, keine Märchenprinzessin. Eine richtige. Sie kam aus dem Morgenland, wie man damals sagte. Aus Byzanz. Und sie heiratete einen Dogen. Sie merken schon: Die Geschichte spielt in Venedig, und zwar im 13. Jahrhundert.*

*War sie schön? War er ritterlich? Fanden sie Gefallen aneinander? Wie konnten sie sich verständigen?*

*Ich muß gestehen: Das weiß ich nicht. Nur eins: Der Ehefriede der Jungvermählten war ernsthaft gefährdet. Die junge Frau hatte nämlich eine widernatürliche Angewohnheit.*

*Was auch immer Sie sich jetzt vorstellen: Das war es nicht. Vielmehr: Beim Essen wollte die junge Dogaressa nicht zugreifen wie jeder Christenmensch. Sie hatte vielmehr ständig ein seltsames, gefährliches Instrument bei sich, mit dem sie ihr Essen aufspießte und – unter Gefährdung ihrer Gesundheit und der der Umgebung – zum Mund führte. Dort umschloß sie das Instrument mit den Lippen, zog den Bissen ab und entließ das Instrument ins Freie, um die Prozedur zu wiederholen.*

*Niemand verstand, was das sollte. Jeder normale und vernünftige Mensch hatte zwar ein Messer, um sich Bratenstücke abzusäbeln, und natürlich einen Suppenlöffel. Aber sonst – wozu?*

*Sie haben es natürlich längst erraten: Die Prinzessin benutzte eine Gabel. Ihr Mann gab sich alle Mühe, sie umzustimmen. Ohne Erfolg. Muß ein widerspenstiges Weibsstück gewesen sein! Erst der Erzbischof, der ihr eindringlich die Widernatürlichkeit und den antichristlichen Charakter ihres Verhaltens vor Augen geführt hatte, konnte durchsetzen, daß sie in Zukunft aß wie jeder: mit den Fingern. Ob sie Angst vor der Hölle bekommen hatte?*

*Übrigens, die damaligen Eßmethoden waren keine Ferkelei. In indischen Hindu-Familien können Sie heute noch erleben, daß Ihnen das köstlich duftende Hauptgericht serviert wird, während auf einem Nebenteller eine Art Pfannkuchen liegt. Man reißt die Beilage in Stücke und nimmt mundgerechte Portionen vom Hauptgericht damit auf. Alles mit der Hand. Das sieht nicht unästhetischer aus als unsere europäische Art zu essen.*

*Zurück zur Gabel! Der erste Import-Versuch mißlang, wir haben's gesehen. Wieder spielt Italien eine Rolle: Katharina von Medici, die als 14jährige im Jahr 1533 aus Florenz nach Paris kam, um den König von Frankreich zu heiraten, brachte die erste Gabel in ihre neue Heimat. Ihr gelang es, die einst „widernatürliche Angewohnheit" als höfische Sitte chic zu machen. Sie führte auch ihr Lieblingsgemüse, den Spinat, so erfolgreich ein, daß bis heute auf allen Speisekarten die „Florentiner Art" auf Spi-*

*nat wetten läßt. Seit ihren Zeiten ist die französische Küche führend in Europa. Leider war Katharina damit nicht ausgelastet. 1572 inszenierte sie die Pariser Bluthochzeit, das Hinmetzeln von mindestens 3000 französischen Protestanten allein in Paris. Aber das wissen Sie ja alles aus dem Erfolgsfilm „Bartholomäusnacht".*
*Ach, Katharina! Wenn du, die Mutter dreier Könige, ganz ohne Söhne und vor allem ohne Bluthochzeit dahingegangen wärst und uns nur den Gebrauch der Gabel sowie köstliche Spinatgerichte vermittelt hättest – würden nicht wir alle, Vertreter der unerbittlich richtenden Nachwelt, milder über dich urteilen?*

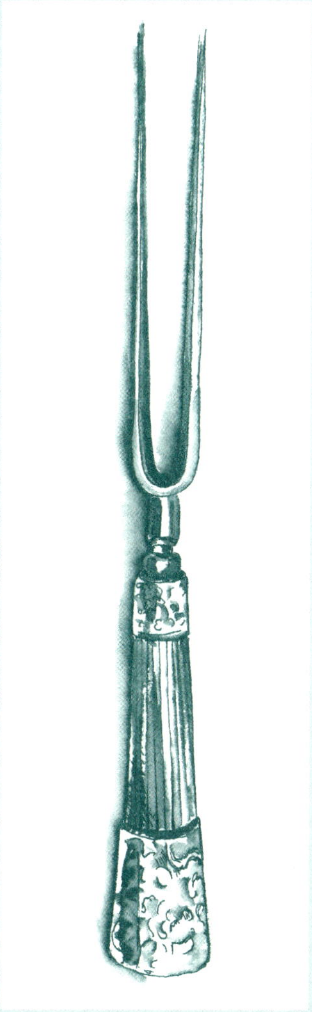

25

# Gans

Mit Sicherheit steht fest:

**Von allen Geflügelarten ist die Gans die kalorienreichste und fetteste.**

Dies ist aber nur im Hinblick auf das eigene Lebendgewicht von Bedeutung. Für die Verzehrstechnik spielt es keine Rolle.

## Wie man's serviert

Eine Gans ist nicht nur ein fetter, sondern auch ein großer Vogel. Daher wird das Tranchieren aller schmackhaften und eßbaren Teile von der Küche oder vom Service übernommen: Selten wird man eine ganze Brust oder einen ganzen Schlegel bekommen, sie sind einfach zu groß und werden daher verzehrgerecht serviert.

## Wie man's isst

Wie man mit beidem werkzeugtechnisch zu Rande kommt, ist unterm Stichwort Geflügel beschrieben.

## Was trinken wir?

Die Gans verträgt zur vinologischen Begleitung große gehaltvolle Rotweine: Brunello, Barolo, Santenay.

## Achtung

Sind Gänse wirklich so dumm?

Weil dies nicht nur sensorisch, sondern auch alkoholisch keine Kleinkaliber sind, sollte der Genießer wissen, was er tut, wenn er Speis' und Trank gleichermaßen lebhaft zuspricht. Am besten steht irgendwo ein Bett in der Nähe, in das er sein nicht nur vom Wein hoffentlich seliges Haupt legen kann...

26

# Gänseleber

Mißbräuche gibt es überall. Es gibt Tennisspieler, die wären besser bei Federball geblieben. Opernsänger, die in der Badewanne besser aufgehoben sind als auf der Bühne. Und Gänsezüchter, die ihren frustrierten Sadismus an ihrem Federvieh austoben und es mit radikalen Mastkuren quälen.

## Gut zu wissen

Es muss niemand ein schlechtes Gewissen haben, der eine Gänseleber essen möchte.

Als solche Mißbräuche ruchbar wurden, die in einigen Farmen herrschen, wo Gänse für die Produktion von Stopfleber gehalten werden, hat man die Gänsestopfleber sogleich als Produkt einer allgemein verbreiteten Tierquälerei in Verruf gebracht. Dem ist natürlich nicht so.

Einigen wenigen abschreckenden Fällen steht eine Vielzahl seriöser Züchter gegenüber, die ihre Tiere nicht nur niemals quälen, sondern denen die Gänse ganz buchstäblich aus der Hand fressen.

**Man bestelle sie sich getrost, wenn sie im Restaurant auf der Karte steht und man Lust darauf hat.**

## Wie man's serviert

Man kann die Gänseleber in verschiedenen Variationen essen.

Am berühmtesten ist sie als Pastete, in einem Teig gebacken, dessen Hohlraum – ein Effekt des Backens – mit Madeira- oder Portweingelee gefüllt wird.

Es gibt sie, nicht minder berühmt, als Terrine, getrüffelt möglicherweise, deren Oberfläche durch eine Fettschicht vorm Eintrocknen geschützt wird.

Es gibt sie in der duftigeren Gestalt eines lockeren Parfaits.

Es gibt sie mariniert, warm geräuchert oder auch gebraten.

## Wie man's isst

In allen Fällen ißt man sie ausnahmslos mit Messer und Gabel. Und fast ausnahmlos wird zum Verzehr immer auch eine Brioche gereicht, weil die zarte Süße des Hefeteigs sich trefflich vermählt mit dem Douceur der Gänseleber, das mehr oder weniger ausgeprägt ausfallen kann. Das hängt vom Futter der Gans oder auch davon ab, worin die Leber ggf. mariniert wurde. Das belanglose Toastbrot, das gelegentlich als kümmerlicher Ersatz zur Brioche geboten werden kann, ist durchaus entbehrlich.

## Wichtig

Eine erstklassige Gänsestopfleber gehört zu den grossen Genüssen.

Der Teig um die Pastete ist oft ein unnötiger Sattmacher, man muß ihn nicht essen. Das Gelee hingegen, das à part übrigens zur Terrine oder zum Parfait gereicht wird, kann, gut gemacht, ein vollendender aromatischer Kontra- oder Komplementärton zur Gänseleber sein.

**Gummiartige Gelees allerdings sind eine Zumutung. Sind sie auch noch geschmacklos, strafe man sie mit Verachtung.**

## Vorsicht!

Bei der naturbelassenen gebratenen Gänsestopfleber kann man schon mal seine Überraschungen erleben. Statt einer Konsistenz, die gleichzeitig schnittfest und schmelzend sein sollte, kann es sein, daß die Leber davon- und auseinanderläuft und matschig ist. Es kann auch sein, daß nicht alle Sehnchen und Äderchen entfernt wurden, was zu leicht blutigem Widerstand beim Schneiden führt. Das alles hat aber mit Ihrer Kunst des Schneidens nichts zu tun: das liegt ausschließlich an der Qualität des Produkts oder an der Arbeitssorgfalt des Kochs.

## Gut zu wissen

Bei fettummantelten Gänseleberterrinen entfernt man die meist gelblich-grüne Fettmanschette: Dem Genuß trägt sie nichts bei, und die Leber an sich ist fett genug.

## Getränke-Tip

Nach der Süße der Gänseleber – es gibt auch herb-bittere Varianten – richtet sich die Wahl des Weins. Das Prisma reicht vom sherrygleichen halbtrockenen Jura-Wein bis hin zum klassischen elsässischen Tokay und zu den edelsüßen Auslesen und Beerenauslesen von Riesling oder Traminer aus Deutschland (Baden, Mosel) oder dem Elsaß.

27

# Garnelen

Garnelen sind jene großäugigen, gekocht glänzend roten Geschöpfe, die nur darauf warten, von Hand verspeist zu werden.

## Wie man's isst

Brechen Sie der Garnele das Genick!

Zu dem Behufe greift sich die Linke den Kopf der Garnele, hält ihn fest, und mit der Rechten tut man etwas, was man mit Menschen, will man nicht in Konflikt mit dem Strafgesetz kommen, nicht tut: man bricht ihm das Genick. Das hat zur Folge, daß sich der Panzer vom Schwanz löst, dessen Fleisch verzehrbereit bloßliegt. In dieser Weise verfährt man mit ein paar Tierchen, säubert sich dann die Finger in der Fingerbowle und ißt das ausgelöste Fleisch mit der Hand oder der Gabel.

## Achtung

Den schwarzen Faden des Darms entfernt man mit dem Fischmesser oder der Gabel.

**Garnelen sind Krustentiere, die miteinander eine Arten-Familie bilden – die Krabben (vgl. dort) gehören nicht dazu.**

## Was es dazu gibt

Man ißt das Garnelenfleisch pur oder stippt es mit der Gabel in die Saucen, die zur Sekundierung des Aromas bereitstehen und von denen man sich aus den entsprechenden Schüsseln für den eigenen Teller bedient.

## Was Sie dazu trinken

Je nach Aroma der Saucen wählt man seinen Wein und läßt sich einen Galestro oder einen Sauvignon blanc schmecken.

## Tip

Garnelen werden auch Scampi, Shrimps, Gambas oder Hummerkrabben genannt.

Sollte der Sommelier zu einem anderen Wein raten, muß man ihn nicht gleich verdächtigen, mit seinem anderslautenden Rat einen Ladenhüter loswerden zu wollen. Sommeliers sind meist Menschenfreunde und Genießer und vor allem Kenner ihrer schwierigen Materie. Man vertraue ihrer Empfehlung, in vollem Vertrauen, die Flasche nicht auf der Rechnung zu finden, wenn einem der Wein nicht zusagt – dies allerdings, bitte, nach den ersten beiden Schlucken. Ist die Flasche zur Gänze konsumiert, kann schließlich jeder kommen und behaupten, der Rebensaft hätte nach Kork geschmeckt.

28

# Geflügel

Wir wollen dem Wild- und Haus-, Groß- und Kleingeflügel in seiner viel unterscheidbaren Individualität nicht zu nahetreten und nicht alles, was da kreucht und fleucht, über einen Kamm scheren. Aber in ihrer zerlegbaren Anatomie sind sich die Vögel doch recht ähnlich, weshalb hier eine Art Generalanleitung am Platze ist, wie man dem Federvieh mit Messer und Gabel zu Leibe rückt.

## Ein Tip vorweg

Es ist weniger kompliziert, als die nicht ganz unkomplizierte ornithologische Orthopädie vermuten läßt, der man, wo's mit Besteck ganz unzugänglich wird, am besten dadurch beikommt, indem man seine Hände und seine Zähne benutzt. So weit sind wir aber noch nicht. Zuerst ist der Service gefordert.

Die Ziffern bezeichnen die Reihenfolge der Schnitte beim Tranchieren.

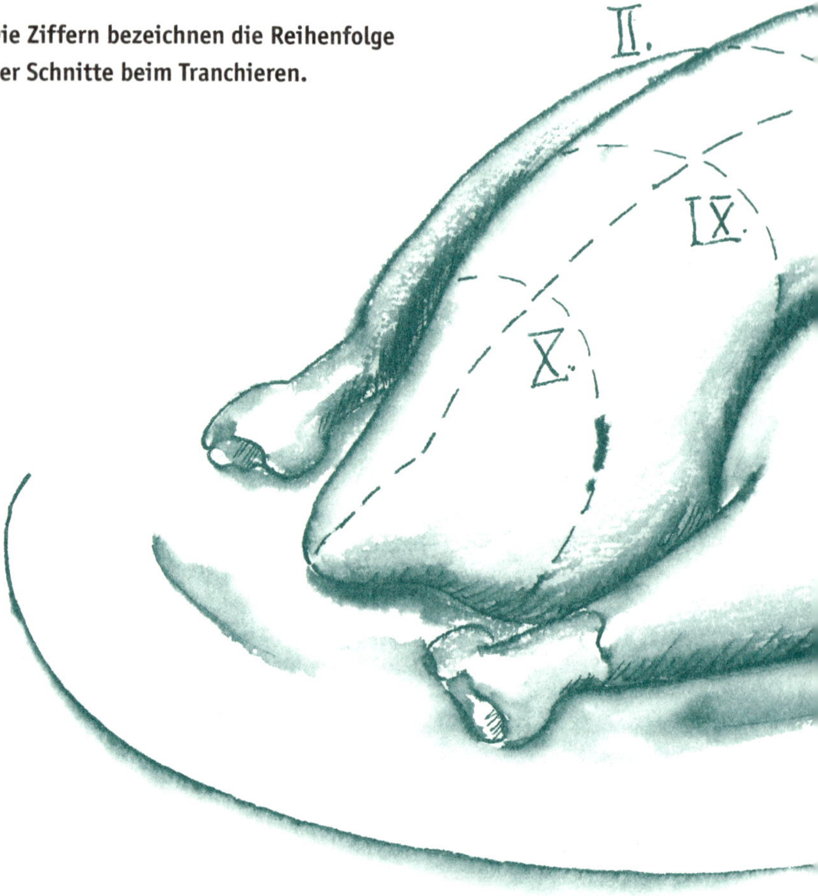


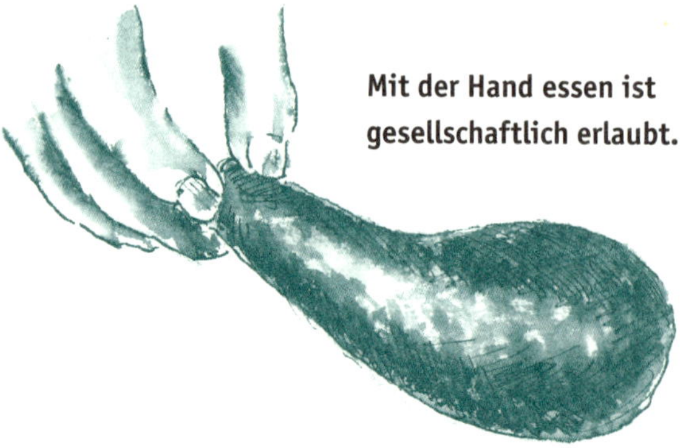

Mit der Hand essen ist gesellschaftlich erlaubt.

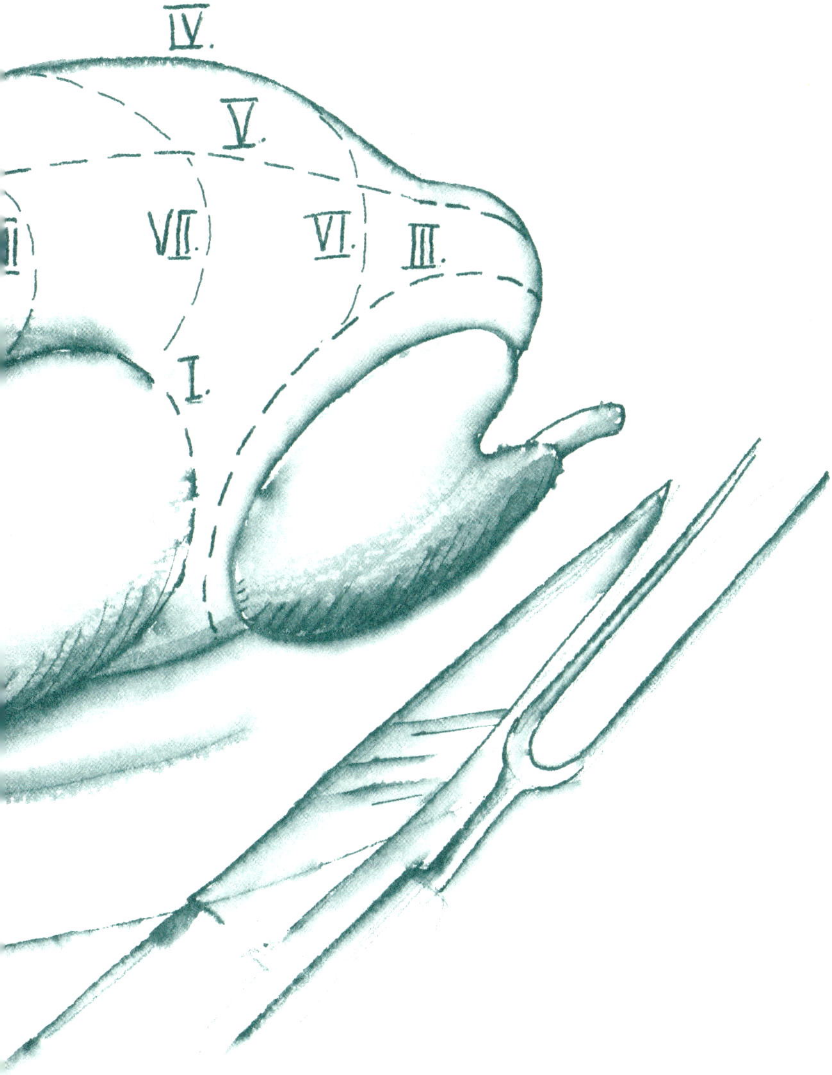

**Hähnchenfilet ißt man problemlos mit Messer und Gabel**

## Wie man's serviert

Der Service nimmt Ihnen die meiste Arbeit ab: Er schneidet den Vogel auf, trennt die Brust heraus, löst die Keule vom Schenkel, die Flügel von dem, was man nicht ganz sachgerecht als Schulterbein bezeichnen könnte, und legt die Teile einzeln, je nach Größe – Ente, Gans, Poularde – auch in den Teilen nochmals unterteilt vor.

## Wie man's isst

Die Brust, aromatisch am wenigsten interessant, ist am leichtesten zu essen: man schneidet sich Tranche um Tranche bequem ab. Das Fleisch, zumal beim Hausgeflügel – Huhn, Poularde – ist so zart und weich, daß es oft mit der Gabel zu teilen ist und sich am Flügelknochen fast von selber löst.

**Mit der Hand essen ist gesellschaftlich längst erlaubt.**

## Wenn's schwierig wird

Nur bei kleinem Edel-Fluggetier werden die Flügelchen nicht einzeln tranchiert.

Für Keule und Flügel gibt es eine heute akzeptierte Generalregel: Messer und Gabel werden so lange benutzt, wie bei der buchstäblichen Knochen-Arbeit technisch möglich und ästhetischoptisch vertretbar ist. Bei Rebhuhn, Perlhuhn und Wachtel verzichtet man auf den Verzehr der Flügel.
Sobald aus der Knochenarbeit Leichenfledderei wird, legt man das Besteck beiseite, und ißt mit der Hand weiter: indem man die Knochen zum Mund führt und mit den Zähnen abnagt. Und wieder einmal wird der wahre Genießer seine Meinung bestätigt finden, daß das Knochenfleisch das aromatischste ist.

## Achtung

Bei Wildgeflügel muß man etwas aufpassen, wenn es mit Messer und Gabel an die Knochen geht: die sind spröder und härter als beim Hausgeflügel und können leicht splittern. Um das zu vermeiden, gehe man mit seinem Handwerkzeug und seinem Mundwerkzeug entsprechend behutsam um. Auch die Kugelgelenke sind – beim Fasan etwa – enger als bei der Poularde oder Gans, weshalb man sie mit dem Besteck etwas schwieriger voneinander trennt.

## Gut zu wissen

Beim Wild-Zuchtgeflügel hängt es vom Züchter ab, ob er die Tiere wie in der Massen-Mastzucht hält. Oder ihnen Auslauf gönnt, eine artgerechte Lebensweise und Ernährung. Davon hängt ab, ob das Fleisch schmeckt oder nicht. In jedem guten Restaurant und in jeder guten Metzgerei wird man Ihnen anhand eines Herkunftszertifikats zeigen, ob Sie es mit Qualität zu tun haben.

**Eine Illusion muß genommen sein:**
**Auch Wildgeflügel ist Zucht-Geflügel.**

## Noch ein Hinweis

Auf Geflügel-Innereien können Sie getrost verzichten, sie sind meist ungenießbar. Auch der sogenannte Schnepfendreck – die passierten Innereien der Schnepfe, die gratiniert auf geröstetem Toast serviert werden – gehört in seinem Genußansehen einer überwundenen Vergangenheit an.

## Getränke-Tip

Der Glaube an Qualität wird den Wein munden lassen – glauben Sie bloss an keine Etiketten!

Generelle Weinempfehlungen auszusprechen ist unsinnig. Das Aroma des Fleischs, das Aroma der einzelnen Gewürz- und Kräuterkombinationen, der persönliche Geschmack, die Jahreszeit – all das ist zu verschieden. Man lasse sich beraten, oder trinke den Wein, von dem man eine bestimmte sensorische Vorstellung hat und von dem man glaubt, daß er wahrscheinlich harmoniert.

29

## Hamburger Aalsuppe

Hamburger Aalsuppe zu essen ist so wenig aufwendig wie eine Bouillabaisse (vgl. dort) zu essen, eine Zwiebelsuppe (vgl. dort) oder eine Nudelsuppe (vgl. Suppe).

### Wie man's serviert

Der Aal ist meist mundgerecht portioniert und kann problemlos aufgegriffen werden. Wo nicht, schneidet man sich das feste Aalfleisch bedarfsgerecht mit dem Messer im Suppenteller zurecht.

### Hinweis

Und man vergesse später nicht, beim Service die übergroßen Stücke zu beanstanden!

Man isst sie mit dem Löffel, wir verraten damit nichts Neues.

**Eigentlich ist es nicht sehr fein, mit einem Messer in der Suppe zu hantieren.**

30

## Huhn

(vgl. Geflügel)

Wie man ein Huhn verzehrt, darüber orientieren die allgemeinen Bemerkungen unterm Stichwort Geflügel.

## Gut zu wissen

An dieser Stelle ein Tip für Ihren Einkauf: Mißtrauen Sie all den leichenblassen Hühnchen, die nachgerade klinisch weiß zum Verkauf feil geboten werden. Ein gutes Huhn ist immer ein wenig gelblich, herrührend von der Körnernahrung, die das Fett entsprechend färbt.

## Wichtig

Ein Huhn mit Fett, das beim Kochen oder Braten ja herausgekocht wird, verspricht, nach etwas zu schmecken.

**Ein fettloses Huhn schmeckt nach nichts.**

# „Jedem Bürger sein Huhn im Topf"

*Wer hat's gesagt?*
*Richtig! Der es sagte (oder gesagt haben soll oder es in den Mund gelegt bekam), war ein Henri IV, König von Frankreich, und regierte von 1589 bis 1610.*
*Schon wieder so einer, werden Sie jetzt stöhnen. Wirklich, in diesem Buch ist viel von französischen Königen die Rede.*
*Dieser aber ist anders. Er konnte nicht kochen. Wahrscheinlich hat er sich kaum fürs Essen interessiert. Aber: Jeder liebt ihn.*
*Henri war ein armer protestantischer Prinz mit einem Königreich voller Ziegen und Weinberge, als er den ersten Coup seines Lebens landete: Er heiratete die Schwester des Königs von Frankreich. Der Coup wurde ihm allerdings vermasselt: Seine Schwiegermutter ließ die Protestanten hinmetzeln. An Henri traute man sich nicht heran. Er wurde pro forma katholisch und lebte jahrelang als Gefangener am Königshof, bis ihm die Flucht gelang. Flugs stellte er sich an die Spitze eines Oppositionsheers und führte Krieg – viele Jahre lang.*
*Erst sein zweiter großer Coup verhalf ihm zur Königskrone. Er sprach – angeblich oder wirklich – das zweite Zitat, das mit seinem Namen verbunden wird: „Paris ist eine Messe wert", wurde wieder katholisch (nachdem er zwischendurch eine protestantische Bewegung angeführt hatte) und zog in seine Hauptstadt ein.*
*Wenn Sie mehr über Henri wissen wollen, lesen Sie bei Heinrich Mann nach. Dannach werden auch Sie Henri lieben.*
*Und dann kam sein dritter, unspektakulärer Coup – eine erfolgreiche Regierung, unter der das Land aufblühte.*
*Dieser Henri war ein pfiffiger Kerl. Noch aus verstaubten historischen Dokumenten springt er uns augenzwinkernd entgegen wie ein schwarzäugiger Springteufel. Ständig verschuldet, kaufte er teuerste Juwelen für seine zahlreichen Geliebten. Durch viele leichtsinnige Heiratsversprechen gebunden, hielt er sich von jeder Verpflichtung frei. Den Strapazen des Soldatendaseins gewachsen, konnte er das Leben in vollen Zügen genießen. Als unvergessener „Vert galant" des Volkes lebt er bis heute in Liedern und Legenden fort.*
*200 Jahre später hatte Frankreich Könige anderer Art. Als Marie Antoinette hörte, die Revolutionäre von 1789 wollten Brot, soll sie gefragt haben: „Warum essen sie keinen Kuchen?"*
*Henri IV wußte, wie seine Landsleute sich ernährten. Er wußte, wie es ist, wenn keiner weiß, woher die nächste Mahlzeit kommen soll. Einmal in der Woche Fleisch für jeden, das war ein hohes Ziel für eine Regierung.*
*Übrigens: daß Hühner in den Kochtopf gehören, sollten wir nicht als Allgemein-*

*wissen ansehen. Natürlich aßen die alten Römer Hühner. Auch in China gehören sie zur Speisekarte. Inder kennen nichts Besseres – wenn Sie für Inder kochen, empfehle ich Ihnen ein Geflügelgericht. Dagegen hat kaum eine der zahlreichen indischen Religionsgemeinschaften etwas einzuwenden.*

*Und doch gibt es ein Volk, das uns auf diesem Gedankenweg zum Huhn im Topf nur zögerlich folgen möchte. Gehen Sie nicht zu weit, bleiben Sie in Europa!*

*Es sind – oder vielmehr: waren – die Finnen. Natürlich kannten und schätzten sie das Ei. Aber der Gedanke, Hühner zu schlachten und aufzuessen, ist ihnen nie gekommen. Wenn ihre Hennen nicht mehr legten, wurde gewartet, bis sie starben. Und dann begrub man sie.*

*Da sieht man's mal wieder: Es gibt nichts, was es nicht gibt.*

31

# Hummer

Der Hummer ist ein Star.

Um das Image des Hummers ist es vergleichsweise so bestellt wie mit Ruhm und Ansehen, den manche Stars von der Bühnen-, Sport-, Gastro- oder Wein-Szene genießen: geschickte Werbe- und Marketing-Strategen verbreiten einen Glanz und Glamour, dem die tatsächliche Qualität nicht gewachsen ist.

## Gut zu wissen

Langusten oder Taschenkrebse haben zwar das bei weitem feinere, aromatisch delikatere Fleisch. Immerhin, großer Genuß ist dann garantiert, wenn man nicht an eine beliebige kanadische Massenzuchtware gerät, sondern an bretonischen Hummer, dessen Geschmack von großer Köstlichkeit sein kann.

**Der Hummer gilt irrigerweise bei vielen Gourmets als das köstlichste Krustentier.**

## Womit man's isst

Mit dem bestecktechnischen Verzehr des Hummers ist es nicht weiter schwer: normales Messer (bitte kein Fischmesser erbitten, mit dessen stumpfer Schneide man keinen Hummer schneiden kann), normale Gabel, Hummerzange für die Schalen sowie eine Spezialgabel für's Scherenfleisch.

## Wie man's serviert

Der Hummer wird normalerweise in zwei Hälften geteilt (vom Service) und serviert.

## Wie man's isst: Erster Schritt

Mit dem Messer hält man die Schale fest, mit der Gabel sticht man ins Schwanzende und löst den Schwanz bei tadellos gekochtem oder gegrilltem Fleisch mühelos heraus. Die Bissen schneidet man sich mundgerecht ab; ein Saucen-, bzw. Gourmetlöffel kann u.U. dienlich sein, die Saucenkunst des Kochs buchstäblich voll auszuschöpfen.

**Schwierig darf das Essen nicht sein, wenn das Restaurant wirklich gut ist.**

## Zweiter Schritt

An die Scheren macht man sich mit den Händen; wer mechanische Unterstützung braucht, bedient sich der Scheren-Schere, die wie ein Nußknacker funktioniert. Die einzelnen Scherenabschnitte löst man entweder mit der Hand oder der Hummergabel heraus. Das Fleisch ist butterzart und problemlos zu schneiden.

## Dritter Schritt

Mit den Beinchen verfährt man ähnlich: sie werden mit der Hand an den Gelenken gebrochen; und die röhrenartigen Karkassen werden ausgelutscht oder mit der Hummergabel herausgelöst.

## Getränke-Tip

Dem Feinschmecker wird zur Säuberung eine Fingerschale zur Verfügung gestellt.

Wie in den meisten Fällen dieses Buches hängt die richtige Weinzuordnung zum Hummer von seiner Zubereitung ab. Das aromatische Prisma kann reichen von einem restsüßen Riesling bei einem sahne-freien Hummersalat bis hin zu den großen machtvollen Pouilly Fuissés, weißen Hermitages und Chateau-neufs du Pape oder einem weißen Bordeaux (Haut Brion z.B.) zu Hummer in Crèmesauce.

## Alte Etikette – moderne Praxis

In unserer freien Genußgesellschaft ist es aber auch niemandem verboten, sich die klassischen Montrachets in ihrer sensorischen Unterschiedlichkeit (Chassagne, Batard) schmecken zu lassen.

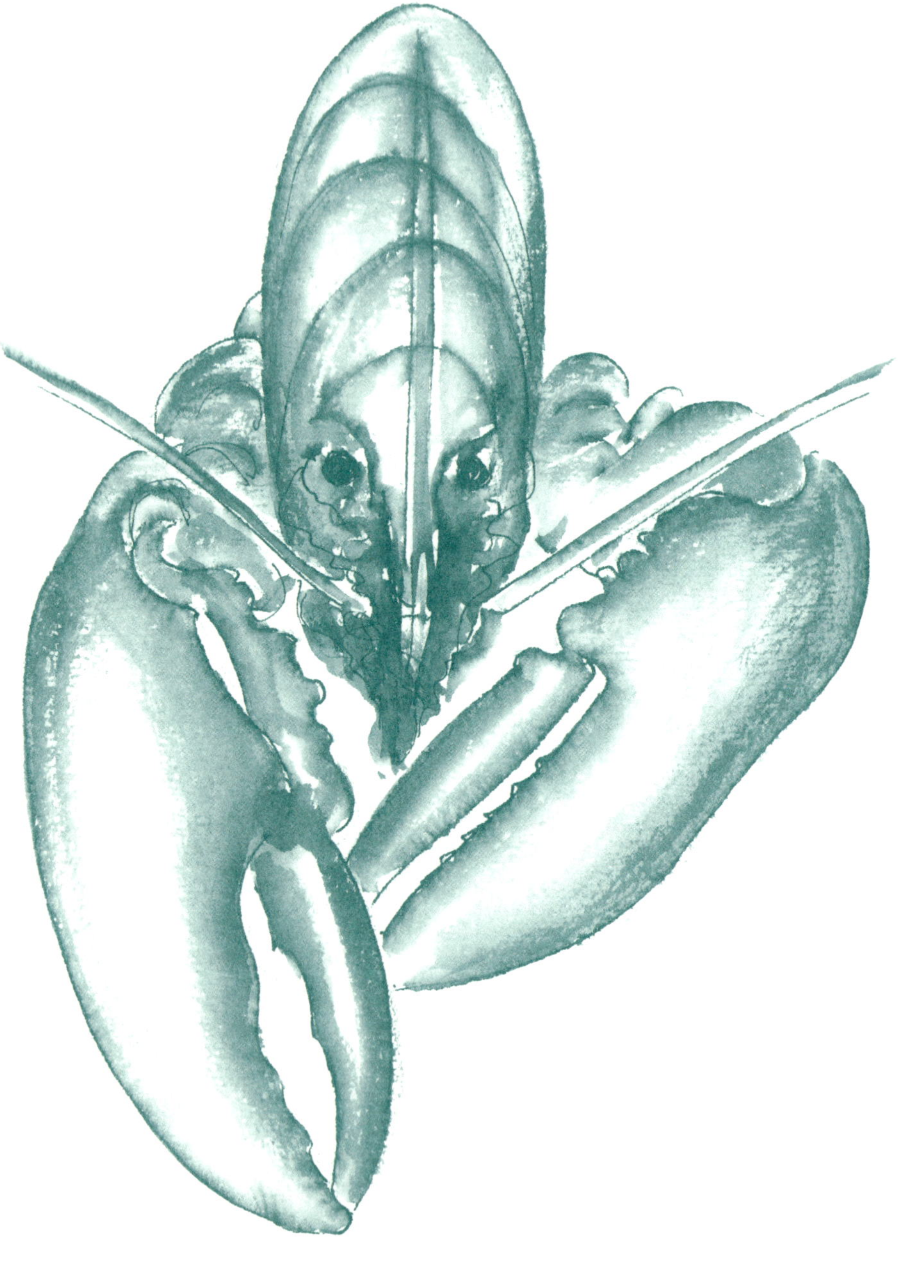

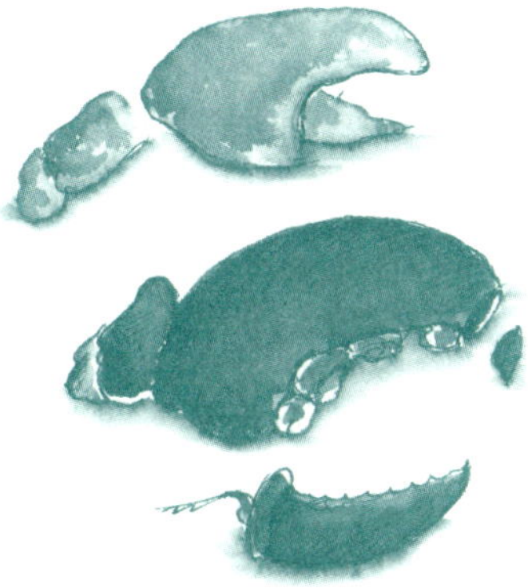

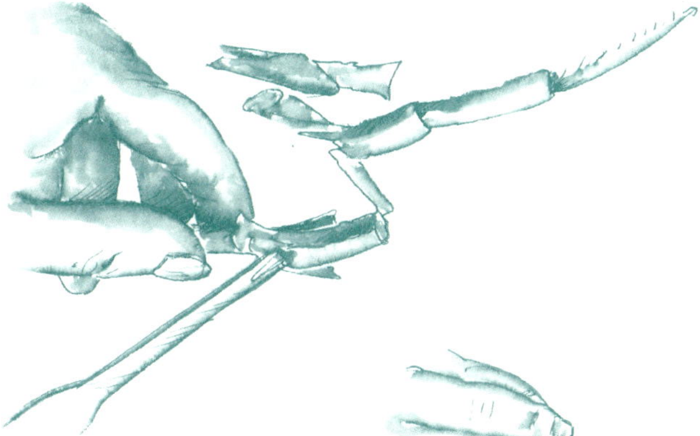

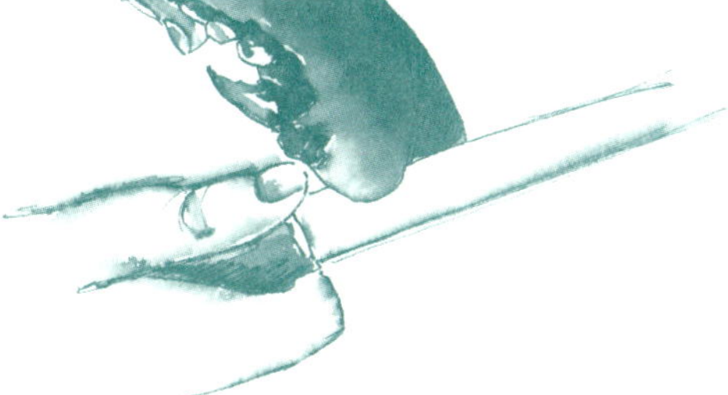

## Noch zwei Tips

Zum einen: Disponieren Sie Hummer im Restaurant, wenn er Saison hat und wahrscheinlicherweise frisch ist.

**Berühmte Faustregel: in den Monaten mit „r", also zwischen September und April.**

Zum anderen: Eine Bisque de Homard, eine Hummersuppe, kann etwas Formidables sein. Bestellen Sie sie aber auf keinen Fall, wenn außer der Hummersuppe kein einziges anderes Hummergericht auf der Karte steht: Vermutlich bekommen Sie dann nämlich keine frische Hummersuppe, sondern eine aus der Dose. Und so schmeckt sie dann auch. In aller Regel.

# 32

# Jakobsmuscheln

Wem der Verzehr nicht auf Anhieb gelingt, der denke an die tröstlichen Worte, mit denen „Some like it hot" enden: „Nobody is perfect."

Zu cineastischer Berühmtheit gelangte diese nach der Auster vielleicht edelste Muschel in Billy Wilder's „Manche mögen's heiß." Am Strand will der völlig mittellose Tony Curtis Eindruck schinden vor Marylin Monroe, die mal wieder die Naive zu spielen hat. Als sie ihn fragt, welchem dynastischen Geschlecht er denn seinen vorgeblichen Reichtum verdanke, zeichnet Curtis das Erkennungsemblem eines weltweit bedeutenden Öl-Multis in den Sand. Einer Company, die unnötigerweise von einer Friedensbewegung in überflüssig hysterisches Gerede gekommen ist. Doch das interessiert hier nicht.

Toni Curtis jedenfalls markiert die Umrisse einer Jakobsmuschel in den Sand. Und die Monroe fällt schier in Ohnmacht, in der irrigen Annahme, es mit Shell jun. zu tun zu haben.

## GUT ZU WISSEN

Aber die Jakobsmuschel ist nicht nur Filmkennern ein Begriff, sondern auch Kennern der Großen Küche.

**Die glasig-kernige Konsistenz des à point gegarten Fleisches und sein dezent nussiges Douceur sind eine Delikatesse von unbeschreiblicher Feinheit.**

## WIE MAN'S ISST

VIELLEICHT BRAUCHEN SIE EIN MESSER.

Die Jakobsmuschel läßt sich ohne Schwierigkeiten essen, weil sie stets ausgelöst serviert wird. Dies aber möglicherweise mit dem rötlichen Corail, dem Rogen, den seines ausgeprägt konzentrierten Muschelgeschmacks wegen nicht jeder mag und den man dann mit einem richtigen Messer (also keinem Fischmesser) abtrennen sollte.

# Vom Pilgerzeichen zur Delikatesse: Die Jakobsmuschel

*Wie kommen die Coquilles St. Jacques zu dem Heiligen in ihrem Namen? Das ist eine lange und alte Geschichte.*

*Der Apostel Jakob wurde, so will es die Heiligenlegende, im Jahr 42 in Rom enthauptet. Was aus seinem Kopf wurde, ist unbekannt – der Körper jedenfalls soll im Wasser an die Westküste von Spanien gelangt sein, in die Gegend mit dem bedeutungsvollen Namen Finisterre. Damals, lange vor der Entdeckung Amerikas, glaubte man, daß die Welt dort einfach zuende sei. Und der Heilige war, als man ihn herauszog und pietätvoll bestattete, mit den Muscheln bedeckt, die heute seinen Namen tragen.*

*Ob das stimmt – wer mag es sagen? Sicher ist eins: Die Muschelbänke, an denen heute die begehrten Coquilles St. Jacques gefischt werden, befinden sich nicht in dieser Region. Sie liegen in der Bretagne.*

*Der Apostel Jakob wurde einer der populärsten Heiligen des Mittelalters. Jahrhundertelang folgten die Pilger auf verschiedenen Wegen ihrem Ziel, der Grabeskirche in Compostela. Sie mußten über die Pyrenäen klettern und die spanischen Königreiche Kastilien und León durchqueren. Und sicher gab es viele, die ihr Ziel nie erreichten oder nicht mehr heimkehrten.*

*Als Erkennungszeichen, das ihnen in dieser Zeit der Wegelagerer sicher auch Schutz verlieh, trugen sie die Jakobsmuschel an der Schulter oder am breitkrempigen Pilgerhut. Eine richtige, naturgewachsene Muschel. Das Zeichen verband Pilger jeden Ranges: Geistliche und Bauern, Bürger und Ritter, Gelehrte und Analphabeten. Angeblich vollbrachten sie auch Heilungen durch die Berührung Dahinsiechender mit der Muschel.*

*Der Erwerb der Muscheln war kein Kunststück. Überall an den Knotenpunkten und Raststätten der verschlungenen Pilgerwege fanden sich Händler, die die Devotionalie feilboten.*

*Mit dem Ende des Mittelalters ließ der Einfluß der Kirche nach. Steht Ihnen Botticellis Geburt der Venus vor Augen, diese Meerschaumgeborene, die heute leider nur noch als Model für Mollige Mode arbeiten könnte? Ist Ihnen aufgefallen, daß die Schöne in einer Muschel steht – in einer Jakobsmuschel? Der griechische Mythos weiß nichts davon; bei ihm steigt Venus-Aphrodite einfach aus dem Wasser an Land. Genau wie heute noch die afrikanische Göttin Iemanjá, die in allen südamerikanischen Voodoo- oder Macumba-Kulten eine wichtige Rolle spielt.*

*Der Zusammenhang zwischen Muschel und Venus lag für Botticelli nah, weil in Italien schon lange die Schale einer Meeresschnecke als „porcella" mit Teilen der weiblichen Anatomie gleichgesetzt wurde, für die man anständigerweise keine Na-*

*men kannte. Diese Schneckenschale gab später dem Porzellan ihren Namen. Wir haben es täglich in der Hand. Ganz ohne zu erröten.*
*Heute kämpft die bretonische Fischerei heroisch um den Fortbestand der historischen Lieferungen der Coquilles St. Jacques. Schädlinge bedrohen die Bestände, Umweltkatastrophen lassen ganze Jahrgänge ausfallen, und strenge Auflagen der Regierung sorgen dafür, daß die Muschelbänke nicht leergefischt werden. Aus dem Ausland drängen Importe auf den Markt.*
*Hoffen wir, daß die französischen Meeresforscher die Coquilles St. Jacques für die bretonischen Gewässer retten können. Eigentlich müßte ihnen das gelingen. Der Heilige selbst wirkt ganz offensichtlich für sie, indem er ihnen zunächst einmal das richtige Quartier in Paris verschaffte. Sie arbeiten nämlich in der Rue St. Jacques.*

33

# Käse

Wir wollen nicht mit einem Löffel das Meer ausschöpfen. Also legen wir auch nicht den Ehrgeiz an den Tag, über jede einzelne der leicht ins Tausend gehenden Käsesorten zu schreiben, wie man sie ißt. Was auch nicht nötig ist, denn Messer und Gabel sind fast immer nötig.

**Tun wir so, als gäb's nur eine Sorte.**

## Wichtig

Die Schale wird nicht immer mitgegessen.

In der Regel gilt: die Außenhaut, ob zum Abziehen weich oder zum Abschneiden schalenhart, wird nicht mitgegessen, sondern bis zu dem Punkt entfernt, wo der Käse seinen optimalen Reifungsgrad hat. Das gilt für alle Hart- und Weich-, Kuh-, Ziegen- oder Schafs-, Edelpilz- und welche Sorte Käse auch immer. Obwohl der Vergleich seiner besten Eigenschaft nachkommt, weil er stark hinkt und von nahezu schreiender Schiefheit ist, wollen wir ihn seiner Popularität wegen bemühen: So wie man beim Wein das Glas der Flasche nicht vertilgt, in die er abgefüllt ist, so wenig ißt man Haut oder Schale des Käses, die, unwissenschaftlich und nicht lebensmittelchemisch gesprochen, nichts anderes als die Verpackung ist.

## Gut zu wissen

Je nach Konsistenz hat man viel oder wenig Mühe: Vacherin oder junge Munster sind so weich, daß man sie auch löffeln kann. Alte Parmesan oder Gouda können von fast kristalliner Beschaffenheit sein, so daß man achtgeben muß, wenn einem einzelne Teile nicht unterm Messerschnitt davonspringen sollen.

## Achtung

Im Restaurant ist es nicht furchtbar fein, sich den Käse auf's Brot zu schmieren wie auf die Stulle für's Pausenbrot.

## Wie man's isst

Man steckt sich Käse und Brot nacheinander in den Mund: mit der Gabel den Käs', mit der Hand das Brot. Wobei in einzelnen Fällen – Weichkäse – nichts dagegen spricht, einzelne Brotbrocken mit Käse zu bestreichen, bei Explorateur oder Brillat-Savarin etwa, deren hoher Fettgehalt sie ohnedies fast butterweich sein läßt.

## Alternative

In guten Restaurants wird zum Käse nicht nur das Baguette gereicht.

Bei manchen Käsen kann man sich auch der Hand bedienen: bei den meisten Hartkäsen, wie beim Mönchskopf zum Beispiel, den der Service in Rosettenform vom Laib hobelt. Die Röschen lassen sich zwar auch mit Messer und Gabel zerlegen; aber dieses Zerlegen auch seiner Hände Werk sein zu lassen macht mehr Spaß, und wir geben es hiermit gesellschaftlich frei.

**Statt Baguette können auch Oliven-, Feigen-, Sesam-, Mohn-, Mehrkorn-, Zwiebel- oder Kartoffelbrot und -zig andere denk- und backbare Sorten im Angebot stehen.**

## Wie man's serviert

Weißbrot ist sicher das Neutralste und läßt den Eigengeschmack des Käses ideal zur Geltung kommen. Aber es kann auch ganz aparte aromatische Kontrapunkt- oder Komplementärwirkungen geben:

- süßliches Zwiebelbrot zu Rahmkäse
- bitter-herbes Olivenbrot zu einem Ziegenkäse in der Asche.

Hier sind dem Pluralismus des guten Geschmacks keine Grenzen gezogen, und man probiere nach Herzens- und Gaumenlust, wie es einem am besten mundet.

### Wir trinken dazu

Wir lassen uns daher auf gar keinen Versuch der Empfehlung ein, zumal sich über Fragen guten Geschmacks nicht streiten läßt. Zwei Erfahrungswerte scheinen gesichert. Erstens: mit Edelpilzkäsen harmonieren normalerweise Süßweine – Beeren- und Trockenbeerenauslesen, Sauternes- und Portweine usw. – am besten.

**Das Thema Käse und Wein ist abend- und seitenfüllend.**

Zweitens: die exklusive Verabfolgung von Rotwein zu jedem Käse hat ausgedient. Viele Käse sind sensorisch mit Weißweinen besser zu kombinieren als mit Roten. Wie man's richtig anstellt, läßt Thomas Mann seinen Ludovico Settembrini im „Zauberberg" sagen: placet experiri – man probiere es aus.

34

## Kartoffeln

Zu Unrecht als Dickmacher verschrien.

Um mit zwei Vorurteilen aufzuräumen. Kartoffeln per se machen nicht dick. Und: Kartoffeln darf man mit dem Messer schneiden, wenn man sich um das Vergnügen bringen will, es mit dem Gebrauch der Gabel sein Bewenden haben zu lassen.

### Gut zu wissen

Klar, Bratkartoffeln oder Kartoffeln in Rahmsauce, das sind Kalorienbomben. Was aber nicht an der Kartoffel liegt, sondern am Fett, in dem sie präsentiert werden: Butter, Sahne. Das gilt auch für's berühmte Kartoffelgratin.

### Alte Etikette – moderne Praxis

Daß man heute Kartoffeln mit dem Messer schneiden darf, heißt nicht, daß man es auch muß. Denn das knollige Nachtschattengewächs bleibt in seiner Konsistenz interessanter und lockerer (wie der Knödel, vgl. dort), wenn man es mit der Gabel zerteilt.

## Wie man's isst

Als nährwertvolles Lebensmittel ist Kartoffel zur Bestandteil einer ausgewogenen Ernährung.

Ein bißchen anders verhält es sich vielleicht beim Kartoffelgratin oder bei Bratkartoffeln. Hier kann – muß aber auch nicht zwingend – das Messer zum Einsatz kommen. Nicht als Schneidegerät aber, sondern in der mißbräuchlichen Nutzung als Schieberchen. Der Mißbrauch sei lizenziert, da wir nicht päpstlicher als der Papst und schon gar nicht unfehlbar in unseren Ansichten sein wollen.

**Das Kartoffelgericht darf nicht dermaßen al dente sein, daß man besser gleich rohe Kartoffeln bestellt.**

## Getränke-Tip

Den schieren Kartoffelgeschmack unterstreichen am besten Rieslinge, Rieslaner oder Weißburgunder.

# Christa mit der schönen Knollenform: Die Kartoffel

*„Die Kartoffel ist ein Grundnahrungsmittel", das haben wir mal in der Schule gelernt. Klingt nicht gerade aufregend, nicht? Wer sich noch an die Hungerjahre nach dem Zweiten Weltkrieg erinnert, hat das Wort vom Grundnahrungsmittel am eigenen Leib erfahren. Es gab damals außer Kartoffeln allenfalls Steckrüben zu essen, von denen man vor dem Krieg angenommen hatte, daß sie Viehfutter wären. Und Graupen, auch Kälberzähne genannt.*

*So ganz ist die Kartoffel ihr Arme-Leute-Image nie losgeworden. Mancher mag sich erinnern, daß die Kartoffel mit Friedrich dem Großen zusammenhängt, dem Preußenkönig des 18. Jahrhunderts, der zunächst ein musikalischer Prinz mit philosophischen Neigungen war. Später dann ein aufgeklärter Monarch. Und im Alter ein einsamer Sonderling, von Windhunden umgeben und bekleidet mit einer von Tabaksaft vollgekleckerten Weste...*

*Natürlich hat Friedrich seinen Untertanen nichts vorgepflanzt. Er schickte seine Leute. Und die verfuhren, wie Bürokraten zu allen Zeiten verfahren. Wer sieht, wie heutzutage der mündige Bürger mit, sagen wir, den Finessen der Steuergesetze vertraut gemacht wird, der weiß, wie man damals die Kartoffel einführte.*

*Zwei Abgesandte der Regierung kamen ins Dörfchen und trommelten die Bauern zusammen. Der eine las vor, worum es ging. Der andere verteilte Kartoffelpflanzen. Weg waren sie.*

*Die Bauern kratzten sich die Köpfe. Die einen pflanzten – und aßen die Früchte. Die hatten Pech, denn die Früchte sind giftig. Besser ging es denen, die die Anweisung ignoriert und die Kartoffeln auf den Mist geworfen hatten. Einzelne pflanzten die Knollen in ihre Bauerngärtchen und freuten sich an den Blüten. Und einige steckten die Kartoffeln in ihre Äcker, gruben im Herbst die Knollen aus und aßen sie auf.*

*Nur eine skurrile Geschichte? Nein. Denn seit der Einführung der Kartoffel, so dilettantisch sie sich auch anließ, hat es nie mehr Hungersnot in Deutschland gegeben.*

*Die Kartoffel, auch das haben wir in der Schule gelernt, stammt aus der Neuen Welt. Sie brauchte Jahrhunderte, um sich durchzusetzen. Anfangs hielt man sie für eine Medizin.*

*In Frankreich bemühte sich im 18. Jahrhundert der Militärarzt Parmentier, die Kartoffel als Nahrungsmittel für die Armen einzuführen. Wenn Sie in einer Speisekarte den Namen Parmentier lesen, wissen Sie, daß es sich um ein Kartoffelgericht handelt. Parmentier hatte die Unterstützung des Königshofes. Um die Kar-*

*toffel interessant zu machen, hat Marie Antoinette mit Kartoffelblüten im Haar auf Bällen getanzt.*
*Ja, was haben die Leute denn vorher gegessen? Ihr Grundnahrungsmittel ist uns bekannt, z.B. aus Grimms Märchen. Da essen Bauern weder Brot noch Fleisch noch Gemüse. Sie essen Hirsebrei, das Grundnahrungsmittel von 90 % unserer Ahnen in Norddeutschland. Hirsebrei morgens, mittags und abends. In Süddeutschland war es anders, aber nicht besser. Es gab nämlich Haferbrei. Morgens, mittags und – jawohl.*
*Übrigens: Haben Sie schon bemerkt, daß alle Kartoffelsorten Frauennamen tragen? Nicht allein die Hurrikane und Sturmtiefs! Wie gut das zusammenpaßt, zeigt beispielsweise der folgende Satz, der von einem nichtsahnenden Gärtnereibetrieb ohne jede Rücksicht auf den entstehenden Doppelsinn formuliert wurde.*
*„Christa ist eine deutsche, sehr frühe Kartoffel von vorwiegend festkochender und gelbfleischiger Zucht, die sich durch besonders herzhaften Geschmack und schöne Knollenform auszeichnet."*
*Wem läuft bei diesem Satz nicht gleich das – doppelsinnige – Wasser im Mund zusammen?*

35

# Kaviar

Auf die Garnitur- und Edel-Alibihäufchen am Tellerrand können wir gut verzichten. Sie tragen dem Genuß nichts und der Verteuerung der Zeche zu viel bei.

**Nur als eigenständige Vorspeise serviert macht es Spaß, Kaviar zu essen, was, technisch gesehen, recht simpel ist.**

## Wie man's serviert

Sofern der Kaviar nicht schon auf die Teller portioniert wurde, sondern in der Dose oder in silbernem Kaviartafelaufsatz an den Tisch gelangt, bedient man sich aus dem Behältnis und häuft den Kaviar in sittiger Quantität auf seinen Teller. Das Maß der Sittigkeit hängt von der Zahl der Mitessenden und deren Verhältnis zum Doseninhalt ab.

## Wie man's isst – alte Etikette

Man esse satt und reichlich davon. Das ist zwar ein teures Vergnügen. Aber nur so ist es eins.

Nun gibt es verschiedene Möglichkeiten. Als die eleganteste gilt in manchem in die Jahre gekommenen Benimmbuch, eine Toastscheibe (ungetoastet) mit Butter zu bestreichen, den Kaviar darauf zu verteilen und den Toast mit Dessertgabel und -messer zu verzehren. Wir halten das für eine zumindest fragwürdig diskutable Auffassung von Eleganz.
Wenn es Beigaben (Toast, Blinis, Creme fraîche, Zitronensaft, Perlzwiebeln, feinstgehackte Eier) gibt, dann breche man den Toast oder schneide die Blinis bißgerecht. Dann gebe man mit dem Kaviarmesser Kaviar darauf und würze bedarfsgemäß mit etwas Zitronensaft ab, spieße den Bissen auf und gebe, sofern noch Platz, etwas von den Beilagen in den Gabelsattel, um schließlich die Gabel nicht überhäuft zum Mund zu führen. Das ist so in Ordnung und gesellschaftsfähig – und eigentlich veraltet und überholt.

**Kaviar ißt man pur.**

## Gut zu wissen – moderne Praxis

Kaviar von erstklassiger Qualität aber – hell bernsteinfarben, lockere Körnung und kaum oder gar nicht salzig – bedarf nicht der aromatischen Deos, die von der zarten Unverwechselbarkeit des Eigengeschmacks ablenken. Sondern man ißt ihn pur, mit Perlmutt- oder Elfenbeinlöffel (zur Not tut's auch ein Eierlöffel), und trinkt dazu Champagner.

## Unser Tip

Vorsicht, Eiweiss-schock!

Gleichwohl, wir wollen gewissen klassischen Darbietungsformen, wie beschrieben, ihren Genußwert nicht völlig absprechen. Und so lasse jeder sich den Kaviar mit Perlzwiebeln oder Zitronensaft schmecken, wenn es ihm so schmeckt. Und wer sich einen Wodka als Präventivmaßnahme gegen einen Eiweißschock oder eine veritable Konstipation bestellt, dem kann zumindest ein überlebenswichtiges Gesundheitsbewußtsein attestiert werden...

36

# Kirschen

**Wenn mit jemandem nicht gut Kirschen essen ist, läßt man es besser bleiben.**

## Wie man's isst

Werden zum Nachtisch Kirschen in einer gemischten Obstschüssel gereicht, greift man sie mit der Hand beim Stiel, trennt Stiel und Frucht mit den Zähnen, entledigt den Kern (vgl. Olive) in der kleinen Kuhle, die sich bei zusammengezogener Faust zwischen Daumen und Zeigefinger bildet, und entkernt die Hand am Tellerrand. Die Hand reinigt man dann in der Fingerschale.

# Die Kirsche – ein lukullischer Genuss

*Kirschen und Kinder, die gehören zusammen. Man sieht's doch gleich! Beides fängt mit Ki- an, oder?*

*Wer von uns hat nicht als Kind Zwillingskirschen ans Ohr gehängt? Bis das vielstöckige Gebilde abfiel oder sich auflöste und da endete, wohin Kirschen – nach Ansicht der phantasielosen Erwachsenen – direkt gelangen sollten: in dem Mund. Wohin mit dem Kern, das ist eine Frage, die erwachsene Gourmets beschäftigen mag. Für Kinder ist es einfach: Man spuckt den Kirschkern in die Gegend – je weiter, um so besser.*

*Niemand soll glauben, daß das eine Erfindung seiner Generation ist. Als ich ein Kind war und mit meinen Geschwistern das Weitspucken übte, kam meine Mutter dazu. Wir erstarrten ein bißchen, denn damals war die Welt noch in Ordnung. Aber sie sagte nur: „Was, weiter könnt ihr nicht?", nahm eine Kirsche, versorgte sich mit Munition und – schlug sämtliche Rekorde.*

*Daß wir diese schönen Erinnerungen haben, ist das Verdienst eines Mannes, den wir alle dem Namen nach kennen. Er hieß Lukullus. Brecht hat eine Oper über ihn geschrieben.*

*Wie kam dieser Herr dazu, uns die Kirsche zu schenken?*

*Eigentlich war er Soldat, Stabsoffizier sozusagen, und bekam den Auftrag, einen wohldosierten Feldzug gegen einen lokalen Gegner zu führen. Es sah alles ähnlich aus wie die Mission der USA im Kuwait-Krieg. Man schickte Lukullus sogar, grob gesagt, in dieselbe Gegend, nämlich in den Norden der heutigen Türkei.*

*Wann das war? Irgendwie Antike, klar – aber wo da? Nun, der große Caesar ging schon zur Schule. Der große Alexander war seit 200 Jahren tot. Und die großen Pyramiden waren damals schon uralt. Wir befinden uns in der ersten Hälfte vom ersten vorchristlichen Jahrhundert.*

*Lukullus hatte Erfolg und durfte später in Rom einen Triumphzug feiern. Das alles aber ist uns ganz egal, und der ganze Mann wäre längst zu Recht vergessen, wenn da nicht die Kirsche wäre. Er hatte sie in Kleinasien kennengelernt, in einem Ort namens Kerasos, nach der die Frucht ihren Namen trägt. Und zwar in allen Sprachen unseres Erdkreises. Er brachte sie mit nach Rom, und bald war sie so populär, daß die Römer sie überall hinnahmen und weiter anpflanzten. 120 Jahre, nachdem Lukullus sie importiert hatte, wuchs sie schon in Britannien. Und seitdem spucken wir alle mit Kirschkernen, ganz Europa!*

*Kirschen waren nicht alles, was Lukullus mitbrachte. Mindestens den Pfirsich (in dessen Name das lateinische „persica", persisch, bis heute durchschimmert) hat er auch importiert.*

*Man wird den Verdacht nicht los, daß Lukullus seinen Beruf ungern ausübte. Vielleicht las er lieber in Kochbüchern, die es seit dem fünften vorchristlichen Jahrhundert gab. In seinen letzten Jahren gab er in Rom seine sprichwörtlichen Gastmähler und öffnete seine Bibliothek den Philosophen. Ob er die zum Essen einlud, ist nicht überliefert. Als er starb, wurde er von vielen betrauert.*
*Wir schließen uns an. Friede deiner Asche, Lukullus, du hast uns die Kirsche geschenkt.*
*Nun bleiben nur zwei Fragen offen.*
*Erstens: Hat General Schwarzkopf vom Kuwait-Krieg auch etwas Leckeres mitgebracht?*
*Antwort: Kaum.*
*Folgefrage: Sind moderne Feldherren dazu nicht mehr imstande?*
*Zweitens: Hat schon Lukullus Kirschkerne gespuckt?*
*Antwort: Sicher!*
*Folgefrage: Wie weit?*
*Das werden wir leider niemals erfahren.*

## Alternative

Wo es feiner zugehen soll, da steht zum Kirschenessen dann ein Dessertlöffel zur Verfügung, in den man den Kern entsorgt: Löffel zum Mund führen, Kern mit den Lippen bei geringstem Kraftaufwand herausdrücken, Löffel am Tellerrand leeren – feiner geht's bei diesem Mini-Steinobst nicht.

## Wichtiger, todernster Tip

Kirschen essen ist, wenn man sich nicht verschluckt, keine Gefahr.

Den Kirschkern mit welchen Tricks und Techniken auch immer im Dekolleté der Nachbarin verschwinden zu lassen – sei's weil man es nicht besser weiß oder dies für einen unübertroffen originellen Einfall erster Annäherung hält – gilt für grob, unschicklich, überholt, veraltet, wie auch immer – es gehört sich einfach nicht.

37

# Kiwi

Kiwi, der Schafs- oder Apfelpfirsich, schmeckt nach Erdbeere und Melone, ist urheimatlich aber eigentlich eine chinesische Stachelbeere, die heute in Australien, Kalifornien, Chile und vor allem in Neuseeland angebaut wird. Die Kiwi-Frucht trägt ihren Namen von dem fast flügel- und schwanzlosen Vogel, den die Ureinwohner Neuseelands „Kiwi" nennen.

**Die Kiwi-Frucht ist unter den exotischen Früchten bei uns die erfolgreichste und populärste.**

## Wie man's isst

Die Kiwi, eine eiergroße Frucht, ist fast auch wie ein Ei zu verzehren: Man löffelt sie aus. Allerdings nicht, indem man sie köpft. Sondern man schneidet sie in der Breitseite durch und verspeist dann die reife Frucht mit einem Dessert- oder Eierlöffel.

### Hinweis

Die Schale muß ledrigfest, hellbraun und leicht behaart sein. Die Festigkeit der Schale erlaubt die bequeme Löffelei, die den Genuß der Kiwi so unkompliziert macht.

### Alternative

Noch unkomplizierter ist es, wenn die Kiwis als bereits geschnittene Scheiben oder Spelten zu Fruchtsalaten und anderen Desserts gereicht, in Sorbets verarbeitet oder in Cocktails als Dekoration verwendet werden.

### Dazu trinken wir

Die unaufdringliche Fruchtsüße unserer asiatischen Pfirsichbeere erlaubt, wenn sie der süße Protagonist beim Dessert ist, die Begleitung badischer Ruländer oder Muskateller im Prädikatsbereich von Auslese oder gar Beerenauslese.

DIE FRUCHT IST REIF, WENN DIE SCHALE AUF FINGERDRUCK NACHGIBT.

38

## Knödel

Wenn wir darüber sprechen, wie wir in den Genuß eines Knödels kommen, dann sprechen wir über einen von solcher Beschaffenheitsdichte, die sich nicht mit der Undurchdringlichkeit eines Tennis- oder gar Golfballs vergleichen läßt, wo zuletzt eine Kreissäge sich als das einzig verläßliche Werkzeug erweist.

**Wir sprechen natürlich von Knödeln, deren Lockerheit sie bei unserem heißhungrigen Anblick beinah von selbst zerfallen läßt.**

## Was es alles so gibt

Was hält unserem lustvollen Heißhunger schon stand, wenn uns als Knödel aufgetischt werden

- saftige Kartoffelknödel
- würzige Serviettenknödel
- Böhmische Knödel und
- in ihrer süßen Spielart die Germ- oder Topfenknödel.

**Kein Wunder, daß man ins Schwärmen kommt ob der Vielfalt!**

## Gut zu wissen

Das ist natürlich Genuß-Lyrik, die sich in der Prosa des kulinarischen All- und Werktags nicht so einstellt. Was aber stimmt, ist der Anspruch an einen Knödel. Wichtige Voraussetzung für Qualität ist, daß der Knödel in einer kräftigen Brühe gekocht wurde, mit der er sich so richtig aufsaugen kann. Dann hat die unregelmäßig poröse Oberfläche des Gabelbissens auch die richtige Struktur, um recht viel Sauce damit aufzutunken.

## Achtung

Der Knödel muss so locker sein, dass man ihn mit der Gabel zerteilen kann.

Mit dem Messer als Schieber nachzuhelfen, sieht die strenge Sitte des Tisches nicht so gern. Aber wo es um Tafelfreuden geht, darf die allzu genau beobachtete Sitte auch einmal das Nachsehen haben. Und wir drücken ein Auge zu, wenn mit dem Messer Sauce nachgeschoben wird, oder sehen gleich gar nicht erst hin.

# 39

# Kokosnuss

Der Verzehr ist Schwerstarbeit. Und trotzdem raten wir nicht davon ab. Denn der spezifische Aromenreiz der Kokosnuß, die eigentlich eine Steinfrucht der Kokospalme ist, ist eine Delikatesse von hohem Raffinement.

## Wie man drankommt

Die harte Schale läßt sich auf zweierlei Weise sprengen. An ihrem oberen Ende erkennt man bei genauem Hinsehen drei dunkle Punkte, die Keimlöcher, in deren eines man einen Meißel treibt, um die Schale dann mit einem Hammer zu sprengen.

## Alternative

Gluckert nichts im Inneren, ist die Kokosnuss zu alt und schmeckt nicht mehr.

Etwas weniger schweißtreibend ist es, die Nuß bei 200 Grad (Gas Stufe drei) auf den Rost eines Backofens zu legen. Nach 10 bis 15 Minuten beginnt die Schale zu reißen, was die Arbeit mit dem Hammer erleichtert, sie klopfend vom Fleisch zu lösen.

**Man kann die Nuß auch mit Schwung auf einen harten Boden werfen, z.B. in der Garage. Sie zerspringt, und man kommt ans Fruchtfleich heran.**

## In jedem Fall gilt

Das feste Fruchtfleisch muß mit einem kräftigen Messer herausgehobelt oder -gestemmt werden und läßt sich dann entweder gleich mit den Zähnen von der Nußspelte beißen oder, überfein, mit dem Messer mundgerecht schneiden.

## Was es noch gibt

Eine Köstlichkeit für sich ist die sogenannte Kokosmilch, die man beim Schütteln der unbearbeiteten Frucht gluckern hört. Die Milch gewinnt man aus der Frucht, indem man die Keimlöcher mit einem spitzen Instrument durchlöchert, die Flüssigkeit in ein Glas ablaufen läßt und trinkt.

40

# Krabben

Taschenkrebs und Königskrebs sind die würdigsten Vertreter ihrer Art, die ein entsprechend stattliches Gewicht und eine ansehnliche Größe erreichen und mit der wortwörtlich gebrechlichen Zartheit von Flußkrebsen nichts gemein haben.

**In jedem Fall handelt es sich um eine rare Köstlichkeit, die, frisch zubereitet, an Wohlgeschmack schwer zu übertreffen ist.**

## Wie man's isst

Wer im Restaurant auf der Speisekarte einen Taschenkrebs entdeckt, sollte ihn bestellen.

Sofern die Tiere nicht von Küche und Service bereits verzehrgerecht auf dem Teller vorgelegt werden, was meistens der Fall ist, halte man sich analog an die Vorschläge, die unter den Stichworten Hummer, Languste und Krustentiere gemacht werden. Auch die Weinempfehlungen können von dort, cum grano salis, übernommen werden.

41

# Krabbencocktail

Genießer-Beginner können hier echt genießen, ohne sich die Finger schmutzig machen oder umständlich mit Hummerbesteck hantieren zu müssen.

## Wie man's serviert

Alle Handarbeit haben bereits die Köche erledigt, und die Schalen, die sich allenfalls am Rand der Cocktailschale oder in derselben befinden, dienen bloß der Dekoration und sind, entgegen vielem, was unterm Stichwort „Dekoration" geschrieben steht, nicht eßbar.

## Hinweis

Falls ein Schwanz herauslugt, kann man ihn mühelos mit der Gabel herauslösen. Braucht sich aber auch nicht zu scheuen, den kleinen Panzer mit der Hand zu fassen, ihn zum Mund zu führen und das Fleisch mit Lippen oder Zähnen herauszuziehen.

## Wie man's isst

Das ideale Gericht für alle, die im Reich der Krustentiere debütieren

Im übrigen ißt man dies köstliche Gericht mit Dessertlöffel und -gabel. Die Gabel hilft, das Krabbenfleisch auf den Löffel zu schieben, der seinerseits dazu dient, die schmackhafte Cocktailsauce aufzugreifen.

**Der Krabben- oder Krevettencocktail ist kinderleicht zu essen.**

## Vorsicht

Ein Übermaß an Garnitur sollte Sie skeptisch stimmen: das ist meist Füllstoff, der eine Illusion von Opulenz erzeugt, die einen knauserigen Wareneinsatz von Fleisch kaschieren soll bei unvermindert stattlich stolzen Preisen.

## Getränke-Tip

Die oft mit Tomatenketchup abgeschmeckte Cocktailsauce harmoniert trefflich mit würzigen oder halbsüßen Rieslingen, Silvanern oder gar Scheureben im Prädikatsbereich von Spät- bis Auslese.

42

# Kroketten

Außen kroß und innen zart und weich geblieben, ißt man Kroketten wie Kartoffeln (vgl. dort): indem man sie mit der Gabel zerteilt, aufspießt, ggf. ein bißchen Sauce aufstippt und sich zum Munde führt.

## Vorsicht

Grundsätzlich gilt: nicht bange machen lassen!

Wo ein Messer angezeigt ist, um die Krokette zu zerschneiden, weil sie zu hart ist, verlasse man fluchtartig das Lokal – wahrscheinlich können sie dort nicht kochen.

# 43

# Krustentiere

Das berühmteste Krustentier ist der Hummer (vgl. dort), eines der schmackhaftesten die Languste (vgl. dort) und unter den Krebsarten am besten der Taschenkrebs (vgl. Krabben). Wie man sie ißt, ist unter den einzelnen Stichworten beschrieben.

## Tip

Wir alle haben irgendwann zum ersten Mal die Scheu überwunden, uns an die Handarbeit mit Scherenknacker und Hummergabel zu machen. Und jeder von uns meint, sich blamiert zu haben, wenn ihm der Hummerschwanz beim Herauslösen abbrach oder wenn aus den Beinchen partout kein Fleisch herauszulösen war.

## Wie man Pannen vermeidet

Auch hier gilt: Übung macht den Meister.

Vergessen Sie das alles. Und falls Sie unsicher sind, machen Sie sich nicht zum Außenseiter der Genießer-Gesellschaft, wenn Sie den Service danach fragen, wie's geht. Oder wenn Sie sich Rat bei Ihrem Tischnachbarn holen, der es schon besser kann als Sie.

**Gourmets sind tolerante Zeitgenossen, denen nichts Menschliches fremd ist.**

## Woran erkennt man den Gourmet?

Denken Sie daran: wer glaubt, darüber spotten oder süffisant lächeln zu sollen, weil Ihnen beim Brechen der Hummer-Orthopädie ein Beinchen vom Teller fliegt, den brauchen Sie gar nicht ernst zu nehmen – das ist kein genießender Sinnenmensch, sondern ein hochnäsiger Snob.

## Getränke-Tip

Weinfreunde können beim Genuß von Krustentieren ihrer Experimentierlust frönen. Was allein der deutsche Wein an Sorten- und Geschmacksvielfalt bereithält, garantiert aromatische Abenteuer: vom Morio-Muskat oder restsüßen Riesling zum Hummer in

Currysauce bis hin zur klassischen Weißburgunder-Spätlese beim gedünsteten Hummer mit aufgeschlagener Butter.

44

# Kuchen

(vgl.auch Millefeuille)
Süße Lust ist schwere Last. Auch beim Kuchen. Nicht, weil es dramatisch schwer wäre, ihn zu essen. Sondern weil schwer wiegt, wer viel davon ißt. Aber das braucht uns hier nicht zu kümmern.

**Jedem sei sein Bauch gegönnt.**

## Es gibt gute Gründe dafür

Ob jemand seine Leibesfülle hochliterarisch mit Shakespeares Julius Caesar verteidigt, von wegen: Laßt dicke Männer um mich sein. Oder ob die süße Lust psychosomatisch als Nervennahrung ins Feld geführt wird. Wir lassen uns die Lust am Kuchen nicht nehmen und greifen beherzt zu. Greifen beherzt zu was?

## Ihre Ess-Werkzeuge

Zu Kuchengabel und Kuchenlöffel. Mit diesen beiden Werkzeugen kommt man in der Regel aus. Mit der Gabel bei allen trockenen Kuchen – Marmor, Zitrone, Guglhupf – und auch bei Crèmeschnitten wie Zitronenröllchen oder Tranchen vom Frankfurter Kranz.

## Hinweis für Mutige

Wer trockenen Kuchen in Kaffee oder Schokolade tunken will, kann dies ungeniert mit der Hand tun, mit der Gabel wäre es, pardon, affig.

## Wenn's die Gabel nicht schafft

Der Kuchenlöffel hilft nach, wo der Gabelstich nicht ausreicht, zu aktivem Genießerglück zu gelangen. Etwa, wenn auf der gemischten Obsttorte stich- und schnittverquer gelegte Obststücke sich als sperrig erweisen. Und beim Mohrenkopf ist er tauglich, die Crèmefüllung aufzunehmen. Im übrigen aber gilt von allen Stock- und Schichtwerken: mit der Kuchengabel allein kommt man ganz gut zurecht.

## Todernst gemeinter Tips bei Pannen

Wenn im Kirschkuchen ein Kern verblieben ist, geht man in seine Bibliothek, holt sich dies Bändchen und schlägt einfach das Stichwort „Kirschen“ auf.

## Tip für kleinere Pannen

Bei komplizierten Fällen wie Blätterteig-Kuchen (vgl. Millefeuille) kann auch schon mal das Obst- oder Dessertmesser helfen, mit sprödem oder zu hartem Teigwerk fertigzuwerden, wenn ein sanfter Druck mit der Gabel nicht reicht.

**Zu Obstkuchen gehört Schlagsahne. Unfehlbar.**
**Ein Apfelkuchen, ein Erdbeerkuchen ohne Schlagsahne?**
**Undenkbar.**

## Mit oder ohne?

Nackter Kuchen schmeckt nicht.

Die Schlagsahne wird separat gereicht und nicht schon gleich auf den Kuchen gefüllt. Entweder wird die Sahne in einer eigenen Schüssel serviert. Oder, wie es weniger gehörig in deutschen Cafés zugeht, die Sahne ist schon auf den Kuchenteller gespritzt, was aber immer noch eine individuelle Dosierung ermöglicht.

## Getränke-Tip auch hier

Freiheit über alles! Wer zu Kuchen Cola trinkt, bitte sehr. Auch Whiskey und Tequila sind nicht wirklich verboten. Aber wer zu Kaffee, Schokolade oder Tee – den gängigen Getränkebegleitern zu Kuchen – Alkoholisches goutieren möchte, der wird zu klassischen Likören, Ports, Cognacs, Sherrys, Madeiras oder Tokaijs greifen. Je nach Zusammenstellung schmeckt das, als ob man Weihnachten und Ostern zugleich feiern würde.

# Eigener Herd ist Goldes wert: Die Küche

*In unseren Küchen stehen heute Kühlschrank, Gefriertruhe, Mikrowelle, dazwischen Spülmaschine und Herd. Denken wir fünfzig Jahre zurück – da hat es allenfalls einen Kühlschrank gegeben. Noch einmal dreißig Jahre – die modernen Hausfrauen der zwanziger Jahre verfügten höchstens über einen Eisschrank: ein isolierter Behälter, in den zerhacktes Eis gelegt wurde.*
*Weiter zurück, im 19. Jahrhundert, rechnete man in bürgerlichen Kreisen zu dem Raum, den wir Küche nennen, noch eine Speisekammer hinzu, außerdem eine Spülküche, ein Anrichteraum sowie eine Küchenstube „für den Aufenthalt der Dienstboten".*
*Ja, das waren Zeiten. Obwohl sicher niemand von uns gern Dienstbote wäre, war damals die Stellung einer Köchin relativ begehrt. Im weiblichen Hauspersonal war sie die Respektierteste und Höchstbezahlte.*
*Viele Herrschaften brüsteten sich mit der Kunst ihrer Köche. So mancher Diplomat verdankte seine Erfolge weniger der Überzeugungskraft von Argumenten als der guten Küche in seinem Haus. Kein Wunder, daß es viel Konkurrenz darum gab, wer über die beste Küche einer Stadt verfügte, daß königliche Spitzenköche sich umbrachten, wenn ihnen ein Prestige-Gericht mißlang, und daß man vor Verleumdung ebensowenig zurückscheute wie vor dem Abwerben einer Spitzenkraft.*
*In alten Schlössern kann man manchmal auch die Küchenanlage bewundern, die um einen riesenhaften, gemauerten Herd gruppiert ist. In der Wiener Hofburg gab es mindestens ein halbes Dutzend Küchen, und ein Koch, der bei den Mehlspeisen eingeteilt war, bekam niemals ein Stück Fleisch in die Hand. Eine bürgerliche Küche des 18. Jahrhunderts – sogar mit Wasserzufluß! – ist im Goethehaus in Frankfurt zu bewundern.*
*Aber diese Küchenanlagen waren zu ihrer Zeit Ausnahmen. Das Volk kochte wie schon die alten Römer und vor ihnen die Menschen der Bronzezeit im Innenraum an einer Art Lagerfeuer, von einer niedrigen Steinbegrenzung umgeben. Der Rauch zog freimütig durch die Luft und wurde entweder durch ein Loch in der Decke abgeleitet, oder man vertraute darauf, daß das Dach genügend Lücken aufwies, um ihn abziehen zu lassen.*
*Kein Wunder, daß ein großer Kessel das wichtigste und lange Zeit das einzige Küchenutensil war. Kein Wunder auch, daß fast alle Nationalgerichte Eintöpfe sind! Der unentbehrliche Kessel stand auf einem Dreifuß oder hing an einer Kette über dem Feuer, und man konnte die Hitze regulieren, indem man ihn höher oder niedriger einhängte – daher kommt übrigens unser Ausdruck „einen Zahn zulegen" für „das Tempo beschleunigen".*

*Erst das 18. Jahrhundert wandte seinen Forschergeist diesem Gebiet zu. Seit 1850 baut man Herde nach dem bis heute gültigen Prinzip: Die Heizquelle ist unter dem Topf; es gibt mehrere Kochstellen; die Köchin kommt nicht mit der offenen Flamme in Berührung. Das war die eigentliche Revolution in unseren Küchen. Sie setzte sich schnell durch. Alle weiteren Entwicklungen sind – damit verglichen – geringe Veränderungen.*

*Seit dieser Revolution hat der gute alte Kessel ausgedient. Stattdessen haben seitdem alle Haushalte mehrere Töpfe. Und sie gewöhnten sich daran, in jedem Topf einen anderen Teil der Mahlzeit zuzubereiten. Der Bratspieß verschwand – noch 1852 wurde in einem Hamburger Kochbuch bei allen Braten angegeben, wie man mit Spieß und Pfanne bzw. Backröhre zu verfahren hätte. Und noch 1884 läßt Theodor Fontane in seinen „Irrungen Wirrungen" die alte Mutter Nimptsch auf einem offenen Feuer bestehen, das sie unter ihrem summenden Teekessel sehen will. Aber das war zu dieser Zeit bereits ein Auslaufmodell.*

45

# Lammkoteletts

Es gilt im Prinzip das gleiche wie für's Geflügel (vgl. dort): Man schneidet sich so lange an den Knochen heran, wie es geht, und bedient sich dann seiner Hände, um das Knochenfleisch mit den Zähnen abzunagen.

**Man kann das Kotelett auch ganz und nur mit der Hand essen.**

## Hinweis

Knorpelreste oder Fettstücke, die man vielleicht nicht mag, schneidet man einfach ab und deponiert sie am Tellerrand.

## Was man dazu trinkt

Mit der Hand essen – ein legitimes Verfahren in jedem Restaurant dieser Welt.

Was die Weinempfehlung angeht, sind wir in diesem Büchlein ja bis zur Meinungslosigkeit liberal und lassen jedem schmecken, was ihm schmeckt. Zu deutschen Beerenauslesen oder französischen Sauternes oder italienischen Vino Santo würde ich in diesem Falle gleichwohl nur ungern raten, denn zu Lammfleisch pflegt in aller Regel, von der es selbstverständlich Ausnahmen geben kann, Rotwein zu passen.

## Geheimtip

Persönlich geben wir Bordeaux den Vorzug und überlassen es der Zubereitung und dem Eigengeschmack des Fleisches, zu zarten Pomerol oder kräftigen Pauillacs oder einem Tropfen aus St. Julien zu raten.

46

# Languste

Die Languste – der bessere Hummer?

Von der Languste gilt, was ihre Bewältigung mit Hilfe üblicher und unüblicher Eßwerkzeuge angeht, das gleiche wie vom Hummer. Ihr Aroma allerdings will uns zuweilen subtiler und feiner vorkommen.

## Dazu trinken wir

Auch die Weinwahl gestattet Parallelen in der spannenden Breite zwischen Riesling und Montrachet.

**Die Languste ist ein dem Hummer vergleichbarer, allerdings scherenloser Meereskrebs.**

## Wichtiger Hinweis

Sie werden den geringen Neuigkeitswert dieses Stichworts dem Buch nicht zum Vorwurf machen, weil Sie nämlich der ohnedies fragwürdigen gesellschaftlichen Pflicht entbunden sind, sich noch mehr Spielregeln merken zu müssen, wie man was ißt.

47

# Mango

Die reife Mango wird in ihrer Länge hochgestellt und parallel zum abgeflachten spitzen Stein beidseitig in einer Dicke bis zu anderthalb Zentimeter abgeschnitten.

## Wie man's serviert

Die Fruchthälften, um sie bis zur Schale auslöffeln zu können, schneidet man zu diesem Zweck kreuzweise ein.

## Wie man's isst

Man fühlt ihre Reife an der Schale und riecht sie am intensiven Duft.

Wer die Mango im ganzen essen möchte, zieht die Haut mit einem Spezialschäler herunter und schneidet sich, die Frucht mit der Hand haltend, Spelte für Spelte herunter.

## Noch einmal: Wie man's serviert

Im Restaurant wird man damit keine Schwierigkeiten haben, da Mangos als Beigaben zum Dessert immer fertig geschnitten an den Tisch gelangen.

## Vorsicht, Flecken!

Daheim gebe man acht, sich nicht mit dem Fruchtsaft zu bekleckern, dessen Flecken nur schwer, wenn überhaupt, entfernbar sind.

48

# Melone

Jede Melone wird mit einem scharfen Messer in ihrer Länge geteilt, mit einem Löffel entkernt und dann in schaukelschiff-förmige Spelten geschnitten, die einzeln auf dem Obst- oder Dessertteller vorgelegt werden.

**Ob Ananas-, Cantaloupe- oder Honigmelone – sie alle sind köstlich.**

## Wie man's serviert

Kommt man dem Gast entgegen, filiert der Service das Fruchtfleisch von der harten Schale, das vom Gast dann mit Obstmesser und Gabel gegessen wird. Und ganz leicht macht es einem der Service im Restaurant dann, wenn er die Melonen- als Cocktailschale reicht, in der das Fruchtfleisch löffelfertig in Kugeln gestochen zum Genuß geboten wird.

## Wie man's isst

Mit der Hand essen ist gesellschaftlich längst erlaubt.

Es macht uns selber aber auch keine Mühe, indem wir das eine Ende der Speltenschaukel mit der Gabel festhalten, um vom anderen Ende aus mit dem Messer das Fleisch herunterzuschneiden. Entweder in einem Schnitt oder Bissen für Bissen.

# 49

# Millefeuille

Ein erstklassiges Millefeuille ist wortwörtlich zu würdigen: nämlich als ein tausendblättriges, luftig leichtes und lockeres Wunderwerk, dessen konsistenzielles Nichts aus Blätterteig besteht.

## Vorsicht

Auch ein Millefeuille tritt selten alleine auf.

Die gummig-pappigen und grobsprüngigen Teige, die bei uns unter diesem Titel angeboten werden, haben nicht das Entfernteste mit der Köstlichkeit zu tun, wie es sie in der französischen Spitzen-Patisserie und -Gastronomie noch gibt.

## Wo man es antrifft

Eigentlich nur beim Schweinebäckchen oder -ohr hat Millefeuille einen Solo-Auftritt. Gewöhnlich über- und unterschichtet es Mousses oder Crèmes, möglicherweise in mehreren Etagen eines süßen Schicht-Kunstwerks.

**Gutes Millefeuille ist in Deutschland so gut wie nicht zu bekommen.**

## Wie man's isst

Man probiere selber aus, ob man bei solchen sozusagen mehrgeschossigen Gebilden mit der Dessertgabel von oben nach unten zielend in einem Zug durchkommt.

## Alternative

Oder ob man Schicht um Schicht abhebt, wobei man sich allerdings vielleicht um den Kombinationsgenuß von aromatisch differierenden Schichten bringt. Man muß es ausprobieren.

## Hinweis

Wenn die Zertrümmerung und Zerbröselung des Blätterteigs und die gleichzeitige Verschmierung und Vermengung der Mousses und Crèmes nichts mehr von der ästhetischen Noblesse des ungenossenen Backwerks ahnen lassen: Da macht's auch nichts mehr aus, ein paar Blättchen vom Blätterteig mit der Hand zu zupfen oder aufzubröseln und sich auf der Zunge zergehen zu lassen.

50

# Muscheln

## Wie man's isst

Muscheln zu essen ist Handarbeit. Eine Handarbeit allerdings ohne jede Mühe.

Aus der großen Terrine bedienen Sie sich mit dem Löffel und geben sich eine Ihnen gemäße Portion in den Suppenteller. Vergessen Sie nicht, auch von dem oft köstlichen Sud nachzuschöpfen! Dann nehmen Sie die Muschel in die Hand und ziehen das Muschelfleisch mit Ihren Lippen oder Zähnen aus der Schale.

**Wir gehen hier von Venus- oder von Miesmuscheln aus.**

## Alternative

Sie können auch eine Austerngabel benutzen, um das Fleisch zu lösen, je nachdem, wie fest es sitzt oder wie appetitlich Sie sich selber vorkommen, wenn Sie auf Besteck verzichten wollen.

## Noch eine Alternative

Es gibt auch die Spielart, die biegsame Muschelschale selbst als Greifinstrument zu nutzen, indem man mit den Schalenspitzen einer leeren Schale das Muschelfleisch einer anderen in die „Zange" nimmt, vom Bart trennt und sich einverleibt.

## Vorsicht

Die Brühe allerdings aus Schalenhälften trinken zu wollen, das ist etwas mühselig. Da geht dann doch nichts über den guten Suppenlöffel.

## Das Drum und Dran

Die leeren Muschelschalen entsorgen Sie übrigens auf einen separaten Teller. Und daß Ihnen im Restaurant zum Reinigen der Finger ein entsprechendes Bassin en miniature angeboten wird, versteht sich am Rande.

## Getränke-Tip

Zu diesem schlichten, aber aromatisch köstlichen Gericht sprechen Sie am besten einem herzhaften Riesling- oder Silvaner-Qualitätswein zu.

51

# Ochsenschwanz

**Wer im Restaurant einen ganzen Ochsenschwanz bestellt, muß wissen, was er tut.**

## Vorsicht

Es ist eine ziemliche Stocherei und Fusselei, sich in dem Gewirr und Gemisch aus Knorpel, Knochen und dem wenigen schieren Fleisch mit Messer und Gabel zurechtzufinden. Elegant dabei aussehen zu wollen ist so ziemlich ein Ding der Unmöglichkeit.

## Wie man's serviert

Und wem die Sauce gar zu gut schmeckt, der lasse sich noch einen Gourmetlöffel geben.

Es kommt aber eigentlich nie vor. Außer in einigen elsässischen Restaurants, wo der Ochsenschwanz noch im ganzen angeboten wird. In den meisten deutschen Restaurants steht er als gefülltes und bereits ausgelöstes Schmorgericht oder als Ochsenschwanz-Ragout (ohne Knochen) auf der Karte. Und die ganze in Grenzen appetitliche Fledderei haben die Köche in der Küche erledigt, das schiere Fleisch im Schweinenetz verpackt und gebraten.

## Wie man's isst

Ist es gutes marmoriertes Fleisch und wurde es geduldig geschmort, bleibt es saftig und teilt sich meist mühelos mit der Gabel. Wo nicht, kommt man mit Messer und Gabel zu seinem Bissen.

**Gefüllter Ochsenschwanz ist besonders in Baden ein regionaler Klassiker.**

## Dazu trinken Sie

Und keinen Fehlgriff tut, wer aus dem Weinkeller eine trockene badische Spätburgunder Spätlese kommen läßt.

52

# Oliven

**Die entscheidende Frage ist ja: wohin mit dem Kern?**

Denn besteckphilosophische Diskurse, ob man der Olive mit Hummerbesteck oder Austernöffner Herr wird, strengt im Ernst ja keiner an.

## Wie man's isst

Da hilft ein Zahnstocher schon weiter, wenn denn kein Piekser zur Hand ist, mit dem man die Olive ansticht und zum Munde führt (obwohl's der Zugriff mit Daumen und Zeigefinger – wie beim Würfelzucker – auch tut). Womit wir den Kern, so die Olive einen hat und nicht eine Mandel- oder eine Paprikafüllung – barbarisch! –, womit wir den Kern immer noch nicht los sind.

## Und der Kern?

Die Hand säubert man mit einer Papierserviette.

Im Gegensatz zur Kirsche (vgl. dort) halten wir es für ausgesprochen maniriert, sich des Olivenkerns mit einem Löffel in den Aschenbecher zu entledigen. Man bitte den Gastgeber oder den Barchef um ein Tellerchen, entsorge den Kern diskret in der Kuhle, die bei der leicht zusammengezogenen Faust zwischen Daumen und Zeigefinger entsteht und lasse den Kern aufs Tellerchen fallen. Und bevor man zu Tisch oder sonst wohin geht, wäscht man sich. So einfach ist das.

## Vorsicht, Feind hört mit

Wenn man auf eine Olive beißt und nur auf Kern und auf gar kein Fleisch stößt und alles nur hart ist, dann handelt es sich wahrscheinlich um keine Olive, sondern um ein Spionagemikrophon aus jener Zeit, als die James-Bond-Filme noch Klasse hatten.

53

# Omelett

Sich mit Messer und Gabel an ein Omelett zu machen, ist brutal und barbarisch.

## Wie man's isst

Bestecke aus Silber sind nicht gut, da sie den Geschmack beeinträchtigen.

Denn handwerklich richtig gemacht, ist das Omelett – ob als würziges Kräuteromelett oder als süßes Omelett surprise – von so zarter und saftiger Struktur, daß es ganz wie von selbst mit einem Horn- oder Schildpattlöffel zu essen ist, in deren Ersatzdienst sich zur Not auch ein Eierlöffel stellen kann.

54

# Papaya

Wie die tropische Papaya zu ihrem Alternativnamen Kressenfeige kommt, bleibt rätselhaft.

**Die Papaya ist eine Baummelone, die sich mühelos genießen läßt wie eine Birne.**

## Gut zu wissen

Beim Kauf achte man darauf, nur ganz reife Früchte zu erstehen, erkennbar an den paar dunklen Flecken, die die gelbliche lederne Schale ruhig haben darf.

## Wie man's isst

Die Frucht schneidet man längs auf und kann das Fruchtfleisch einfach auslöffeln.

## Hinweis

Im Hohlraum der Frucht befinden sich pfeffergroße Kerne, die man ohne weiteres mitessen kann, aber nicht mitessen muß, wenn man ihren kresseartig scharfen Geschmack nicht schätzt. Er kommt manchen Köchen beim würzigen Abschmecken ihrer Salatsaucen entgegen.

## Unser Tip

Da die Papaya keine Fruchtsäure haben, kann man das aprikosig-melonige Aroma der apfelsinenfarbigen Frucht mit etwas Zitronen- oder Limettensaft heben.

55

# Pastete

Pasteten können aus jeder Fleisch-, Fisch- oder Schalentierart hergestellt werden.

Pastete – das ist ein sehr amorpher Oberbegriff, hinter dem sich so allerhand verbergen kann. Man kann sie warm oder kalt essen. Sie sind zu haben

- im Teig gebacken
- von einem Fettmantel umwickelt
- oder nackt in einer Terrine.

Alle Formen haben miteinander gemein, daß neben dem schieren Fleisch noch eine Füllung (Farce) mitverarbeitet ist, die von konsistenzieller oder geschmacklicher Besonderheit ist.

**Haben wir es mit einer gut gemachten Pastete zu tun, kann man die Verpackung – Brotteig oder Fettmantel – mitessen.**

## Vorsicht

Der Teig darf dann nicht spindig sein oder zu wenig ausgebacken, und der Fettmantel darf nicht dick sein wie ein Winterpelz. Man sieht das auf den ersten Blick. Und schmeckt auf den ersten Biß, ob der Koch das große und kleine Einmaleins seines Handwerks beherrscht. Leider macht die Qualitätsmoral heute bei solch scheinbaren Nebensächlichkeiten wie dem Teig- oder Fettmantel halt.

## Wie man's isst

Es ist schlicht und ergreifend überflüssig, sich mit den Kalorien der Verpackung zu belasten, die man am besten mit Messer und Gabel von der Füllung löst. Das geht völlig mühelos. Die sauber getrennten Abschnitte werden an den Tellerrand gelegt. Und dann macht man sich, ebenfalls mit Messer und Gabel, an den Genuß der Pastete.

## Kleine Pannenhilfe

Lassen Sie's darauf ankommen, wie sich die Tranche sezieren lässt.

Mit sauber oder akkurat geschnittenen Bissen kann es schon mal Probleme geben, weil vielleicht ein Gelee Gemüse- oder Fleischanteile nicht beieinander hält und das Kunstwerk auseinanderfällt. Oder es sperrt sich ein Stück Fleisch dem mundgerechten Schnitt, wenn man es zusammen mit der Farce essen will. Macht nix. Sie sitzen ja nicht als Geometriker zu Tisch, der exakt tournierte Quadrate oder Kreise oder Dreiecke verspeist, sondern als Gourmet, der sich's zurechtlegt, wie es seinem Verzehr bequem ist.

## Noch ein Tip zur Bestellung

Lassen Sie sich auf ungenaue Bezeichnungen wie „hausgemachte Pastete" oder „Wildpastete" oder „Fischterrine" nicht ein. Sondern fragen Sie den Service, was genau für die Pastete verarbeitet wurde.

**Je unpräziser die Bezeichnung, um so höher die Wahrscheinlichkeit einer aufgemotzten Resteverwertung.**

# Pause

Da man weder das Linsengericht mit Saitenwürstle noch das Gänselebertörtchen hemmungslos in sich hineinschlingt, ohne innezuhalten und mit dem Kauen aufzuhören, wird man schon mal eine Pause einlegen.

## Man macht es so...

Ist die Pause kurz und klein, weil man bloß einen Bissen zu Ende kaut und hinunterschluckt, bevor man sich dem nächsten Bissen aufgreifend zuwendet, behält man das Besteck in der Hand.

## ...oder so...

Ist die Pause etwas länger, um etwas zu Heißes abkühlen zu lassen oder weil man aus welchen Gründen auch immer verschnaufen will, wird das Besteck auf den jeweiligen Tellerrand gelegt: Die Gabel links, mit dem Zinken nach unten (allein schon aus statischen Gründen, sonst würde die Gabel ja abrutschen), das Messer rechts, mit der Schneide nach innen zeigend.

## Oder auch so

Man kann das Besteck auch in der Mitte des Tellers sich kreuzen lassen: Die Griffenden liegen am Tellerrand auf, und die Zinken der Gabel überkreuzen die Messerschneide.

## Vorsicht

Bei hochstehenden Tellerrändern kann's passieren, daß das Besteck in den Teller rutscht und die Griffe in der Sauce landen. Wem dergleichen passiert, der wird nicht des Restaurants verwiesen, sondern erhält selbstverständlich ein neues Besteck.

## Im schlimmsten Fall

Wo der Service im Lokal zusieht, wie sich der Gast solchermaßen verunreinigtes Besteck mit der Serviette oder gar der eigenen Zunge abwischt (was nur bedingt schicklich ist), dort kann man gleich mit seinen Fingern essen – in solchen Abfütterungsinstituten legt man auf Tischmanieren offenbar keinen Wert.

56

# Pizza

Jeder Pizza-Bäcker in Deutschland wird auf Anfrage versichern, er backe das Pizza-Original-Rezept. Glauben Sie allen, oder glauben Sie keinem.

**Nur so darf sie sein: hauchdünn, mit knackig-krossem Boden.**

## Getränke-Tips

Was man zur Pizza trinkt, da gehen die Meinungen auseinander. Die Durstigen schwören auf Arneis oder einen Vernaccia. Die Etikettentrinker auf alles, was zwischen Tignanello und Solaia sonst noch gut und teuer ist. Die Toscana-Fraktion ist für Chianti.

## Wie man's isst

Einig sind sich alle nur darin, wie man eine Pizza isst.

Pizza wird wie ein Kuchen geschnitten und dann, ohne Messer, ohne Gabel, mit der Hand gegessen. Und zwar von der Spitze aus, indem man die Pizza an ihrem dickwulstigen Rand festhält, der außen kroß und innen saftig sein muß.

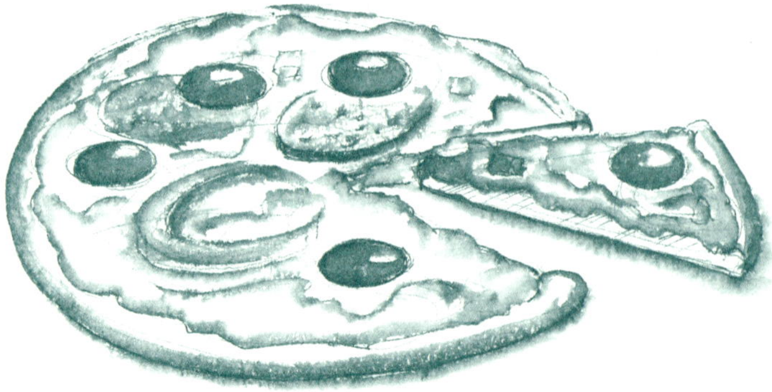

57

# Püree

Marktfrischer, saisonaler Einkauf. Nährwertschonende Garzeiten. Die Zubereitung à la minute. Das waren einige der Segnungen, die die Nouvelle cuisine hervorgebracht hat.

## Wissen Sie noch?

Kleine Portionen und große Preise, das hat diese fundamentale gastronomische Reformbewegung der Nachkriegszeit in Verruf gebracht. Und die Pürees. Bei Lukull, was wurde nicht alles püriert?! Salate, Gemüse, Fisch, Fleisch, Käse – nichts war vor dem Mix-Gerät sicher.

## Gut zu wissen

Gut gemacht, sind Pürees ein duftiger Traum, trotz der Sahne und Butter, die zum Einsatz kommen.

Drei Pürees gibt es, die immer noch ein Hochgenuß sind:

- das Püree von der Kartoffel
- von Erbsen und
- Gipfel des Genusses: das von Sellerie

**Wie man das ißt? Ganz einfach: mit der Gabel.**

## Tip

Das Messer, das man für andere Viktualien braucht, wird an den Tellerrand gelegt, die Gabel wechselt die Handseite und greift überbequem auf, was in den Mund paßt.

## Alternative

Nachschieben, wenn's an die Reste geht, kann man mit dem Gourmetlöffel oder mit dem Messer, wenn's denn sein muß.

## Wichtig

Dann aber nicht von der Seite anschieben, sondern von vorn auf die Gabelspitze. Wenn schon, denn schon, also so, wie sich's gehört – bei den Dogmatikern zumindest.

## 58

# REBHUHN

**Das Rebhuhn (auch Feldhuhn) gehört mit der Schnepfe zum edelsten Federwild, vorzugsweise zwischen September und Januar.**

### HINWEIS

Zu seinem Verzehr müssen wir nicht wiederholen, was im allgemeinen Abschnitt über Geflügel geäußert wurde.

### GETRÄNKE-TIP

DAS FLEISCH DES EIN BIS ZWEI JAHRE ALTEN TIERES SCHMECKT AM BESTEN.

Und eine Weinempfehlung geben wir am liebsten auch nicht, weil zwischen rotem Corton-Charlemagne, einem Schwarzriesling oder einem fruchtigen Beaujolais so ziemlich alles möglich ist, was die Zubereitungsarten – Diplomatenart, Burgunder Art, geschmort, gebraten, mit Kohl, mit Linsen, mit Maronen oder die berühmte Winzerart – zulassen.

## 59

# SALAT

(vgl. auch Wachtel)
Seit wir Deutschen entdeckt haben, daß es nicht nur Sonnenblumenkernöl und Obstweinessig gibt, sondern auch hochwertige, schmackhafte bekömmliche Olivenöle und an aromatischer Finesse kaum überbietbare Balsamico-Essige – seitdem schmecken in Deutschland wieder die Salate. Womit nichts gegen das klassische French-Dressing oder überhaupt etwas gegen unsere tropfnasse Saucensubkultur gesagt werden soll.

## Wie man's serviert

An dieser Stelle gehen wir einmal davon aus, einen appetitlichen Salat vor uns zu haben – Kopf, Tomate, Möhren, Bohnen, Kraut, Endivie, was auch immer -, dessen Saucenaroma uns zur Verspeisung verführt – wie stellen wir's an?

## Wie man's isst

Auch hier gilt das in der Einleitung Gesagte: Das Messer ist überflüssig, und man muß sich nicht noch mit seinem Gebrauch beschweren, gar Gefahr laufend, sich daran zu schneiden, wie es der Damengesellschaft im Hause Potiphars geschah, wovon Thomas Mann in seinem Joseph-Roman so herrlich erzählt. Aber genau genommen gehört das gar nicht hierher, weil es sich bei Thomas Mann mit Äpfelchen abspielte.

## Hinweis

Wozu eine Gabel reicht, um verzehrtechnisch damit fertig zu werden, dazu reicht eben die Gabel.

Das Messer also nur, um

- eine zu große Tomatenscheibe zu schneiden
- oder das Bündel Bohnen zu teilen
- oder um sich das große Blatt Kopfsalat zurechtzufalten (nur dies nicht: schneiden!), nicht nur, damit es in den Mund paßt, sondern vor allem, damit es viel Sauce aufnehmen kann. Wenn's nicht deswegen wäre, hätten's ja schon die Köche in der Küche kleinschneiden können.

**Man schneidet Kopfsalat nicht klein.**

Das war schon alles.

# Hohe Schule der Kochkunst: Die Sauce

*Heute muß man in Deutschland wohl nicht mehr sagen: Vergessen wir zunächst einmal alles, was unsere Großmütter auftischten. Ihre Rezepte basierten durchgehend auf dem Prinzip der Mehlschwitze schrecklichen Angedenkens. So war's denn auch.*

*Schon die Namen der großen Saucen klingen wie Musik in den Ohren dessen, der seinen Gaumen an ihnen geschult hat. Was würde heute an die Herren Béchamel und Soubise, Bonnefoy, Vincent und Montmorency und selbst an das Königsgeschlecht der Valois erinnern, wenn nicht die Saucen? Und wie viele Orte sind uns durch Saucen geläufig: Chantilly, Cheron und Mornay, Schlösser der französischen Könige, Béarnaise, Hollandaise, Joinville, Malta und viele andere – Städte und Landschaften, in denen man diese Saucen zuerst genießen konnte.*

*Alle europäische Saucenkunst hat ihren Ursprung in der Grundsauce „garum", die die alten Römer benutzten. Viele Rezepte sind erhalten.*

*Sie alle basieren auf Fischeingeweiden oder auch kleineren Fischen, die mit Salz vermengt wurden, um in einem Topf zwei bis drei Monate lang in der Sonne zu gären. Den Geruch mag sich jeder selbst vorstellen! Das Resultat wurde durchgesiebt und mit Kräutern gewürzt, anschließend in Krügen und Amphoren verschickt. „Garum" war neben Essig und Öl ein Grundgewürz wie heute Pfeffer und Salz. Noch im Mittelalter galt es als Delikatesse – sein Genuß war Mönchen verboten.*

*Klingt grauslich, nicht? Wenn Sie es wirklich wissen wollen: In einigen Orten um Marseille gibt es bis heute Volksfeste, bei denen eine ähnliche Sauce zum Speisezettel gehört. Gut möglich, daß es eine direkte Tradition gibt.*

*Kaum etwas ändert sich bekanntlich so schwer wie die Eßgewohnheiten. Oder, wie Ephraim Kishon sagt: „Der Magen ist konservativ bis in die Knochen."*

*Vielleicht haben Sie schon gemerkt, daß hier ein – wie nenne ich es? – Gegenstand nicht genannt wird, der in fast allen Haushalten vorhanden ist, den ich aber nicht als Sauce bezeichnen möchte. Es ist ein Ärgernis für alle, die sich als Gourmets verstehen. Es ist – nur Mut! – es ist das Ketchup.*

*Erleichtert, weil ich das schlimme Ding benannt habe, schiebe ich ein bißchen Bildungsgut nach: Ketchup ist kein englisches Wort. Es hat weder mit „to ketch" noch mit „up" zu tun. Die Engländer übernahmen die indische Bezeichnung. That's all.*

*Lassen Sie mich in diesem Zusammenhang eine berühmte Anekdote erzählen. Sie wird über Jackie Kennedy-Onassis berichtet, aber auch von vielen anderen Prominenten aus den USA.*

*Der Amerikaner bestellt in einem französischen Edelrestaurant die Spezialität des Hauses. Angesichts der Prominenz rührt, probiert, würzt und köchelt der Küchen-*

*chef persönlich, bis seine berühmte Sauce so schmeckt, wie er sie kreiert hat. Anschließend serviert er selbst. Der Gast greift, ohne aufzusehen, nach der Ketchup-Flasche und ersäuft das Gericht in einem roten Schwall. Der empörte Küchenchef reißt den entweihten Teller an sich und weigert sich, ihn wieder auszuliefern. Prominenz, Berufsethos, Wirtschaftsdenken – nichts zählt mehr. Die Geschichte endet damit, daß der Amerikaner das Haus hungrig verläßt. Ob er in die nächste Fast-Food-Bude stürzt?*

*Sicher, die kleine Geschichte ist reichlich getränkt von dem billigen Anti-Amerikanismus der fünfziger und sechziger Jahre, als man Europa kulturell der Neuen Welt überlegen glaubte.*

*Aber was das Ketchup betrifft: Da denken wir genau so! Und das einzige, was wir dem Küchenchef aus der Anekdote vorzuwerfen haben, ist: Wieso stand das vermaledeite Ketchup überhaupt auf demTisch?*

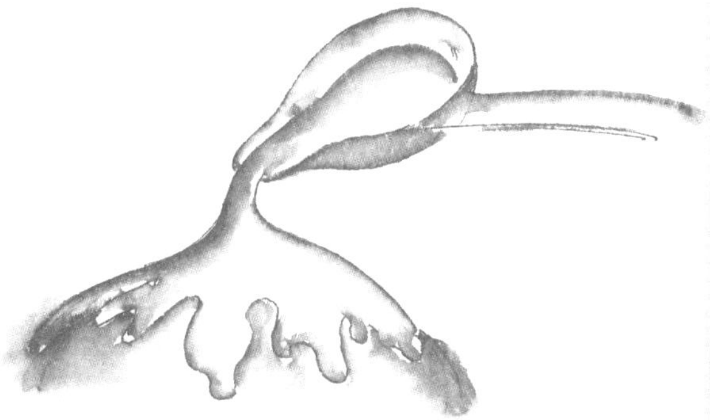

60

# Saucen

**An ihren Saucen werdet ihr sie erkennen, die großen Meister der Großen Küche.**

## Wie man's serviert

Welch subtile aromatische Parfums, welch delikate geschmackliche Valeurs vermögen unseren Gaumen zu betören, wenn ein Kenner und Könner am Herd waltet, der mit Gewürzen und Kräutern umzugehen versteht! So gut und so gekonnt, daß man sich auch den letzten Tropfen Tunke nicht entgehen lassen möchte.

## Wie man's isst

Den kleinen Finger oder den Zeigefinger zu nehmen zur lustvollen Aufnahme der Sauce ist zwar höchst sinnlich, aber nicht völlig salonfähig. Deswegen sind wir dem Erfinder des Gourmet-, bzw. Saucenlöffels für den sinnigen Einfall dieser Gerätschaft dankbar, die flach genug ist, um damit über den Teller gehen – und tief genug, um damit Saucen aufnehmen zu können.

## Wichtig

Stippen Sie die Sauce mit dem Brot auf, das macht fast so viel Spass wie mit dem Finger.

Ein Saucenlöffel gehört ganz unverzichtbar zur Tischausstattung. Wo er fehlt, sollten Sie skeptisch sein, ob man sich in diesem Institut der Essensverabfolgung wirklich in den höheren Dienst Lukulls gestellt hat.

# 61

# Sauerkraut

Hatten Sie beim Essen von Sauerkraut je handwerkliche Probleme? Wenn nicht, dann haben Sie nicht zu befürchten, bis jetzt eine besondere Art von Sauerkraut verpaßt oder es in einer anspruchsvoll komplizierten Zubereitung versäumt zu haben.

**Sauerkraut ißt man ganz einfach mit der Gabel, das Kraut aufgreifend.**

## Alternative

Das Messer (oder Brot) kann nachhelfen, wenn das Kraut zu lang ist und sich nicht freiwillig auf die Gabel bequemt. Ansonsten dürften Sie keine Schwierigkeiten damit haben, sich das hochvitaminhaltige Kohlgemüse zuzuführen.

## Getränke-Tip

Resche Rieslinge oder Grüne Veltliner passen gut zum Sauerkraut nach Hausfrauenart.

Vielleicht aber haben Sie sich einmal danach gefragt, zu welchem Wein Sie greifen sollen, wenn Ihnen nach Wein zum Kraute war. Wo der Küchenchef durch seine hohe Kunst den simplen Kohl zur Delikatesse adelt, sind entsprechende Weine mit filigranerem Schliff gefordert. Und wenn aus dem Sauer- ein Champagnerkraut würde, eine Choucroute Royale, dann läßt man den Champagnerkorken, nein, man läßt ihn nicht brutal knallen, sondern löst ihn behutsam vom Flaschenhals und kredenzt die schäumende Tropfbarkeit mit gebührender Andacht.

62

# Schalentiere

Unter diesem Stichwort wollen wir keine Verzehranweisung geben, sondern über einen populär verbreiteten Irrtum aufklären.

## Gut zu wissen

Eine ungenaue Ausdrucksweise soll korrigiert werden.

Zu den Schalentieren gehören Muscheln (vgl. dort) und Austern (vgl. dort). Dagegen sind Garnelen, Hummer, Krabben und Langusten (vgl. die jeweiligen Stichwörter) Krustentiere. Und Schnecken (vgl. dort) sind Weichtiere.
Und damit haben wir hoffentlich ein wenig sprachliche Ordnung und sachliche Aufklärung im Babylon der Zoologie geschaffen.

63

# Schaschlik

**Diese im Orient beheimatete, bei uns beliebt gewordene Spezialität ist leicht zu konsumieren.**

## Wie man's isst

Die auf Holz oder Eisen zusammen mit Gemüse (Paprika, Zwiebel) aufgespießten Fleischstücke von Rind, Kalb und Schwein – klassischerweise müßte auch eine Innerei dabeisein – werden mit der Gabel nacheinander vorsichtig vom Spieß gezogen bzw. geschoben, während die gabelfreie Hand das obere Ringende des Spießes festhält. Die gelösten Fleischteile ißt man dann ganz normal mit Messer und Gabel und stippt sie in die beigegebenen Gewürzsaucen, von denen man sich mit dem Löffel aus Saucieren auf den Teller bedient.

## Achtung

Es ist leicht möglich, daß es spritzt oder einem der Spieß wegrutscht, wenn das Fleisch etwas fester sitzt.

## Wichtig

Beim Holzspieß muß das Fleisch sofort gelöst werden, da es sich beim Erkalten wieder um das Holz zusammenschließt und nur schwer abgezogen werden kann.

## Getränke-Tip

Schaschliks sind rustikale Imbisse.

Schaschliks können gut ein Bier und kräftige bis exotische Weine von markantem Aroma vertragen.

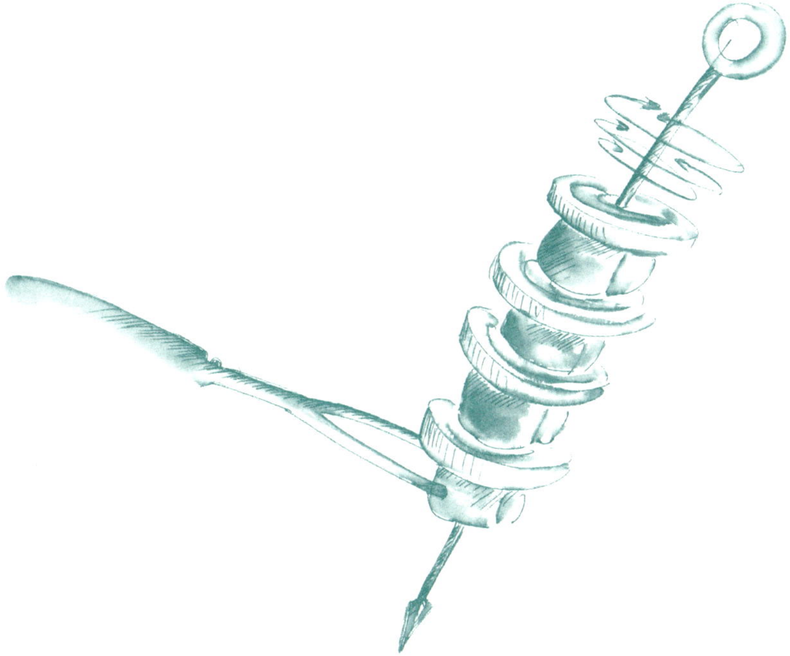

64

# Schinken

Die ganz großen und ganz guten italienischen und spanischen Schinken werden so hauchdünn geschnitten, daß man eine Zeitung durch sie lesen kann.

**Namen für Kenner: San Saniele und Jabuco.**

## Wie man's isst

In manchen Restaurants werden zum Schinken Grissini serviert.

Diese Edelprodukte werden nicht billig als Butterbrotbelag mißbraucht, sondern ihres wunderbaren Geschmacks wegen solo von Hand gegessen. Dergestalt, daß Daumen und Zeigefinger so ein hauchdünnes Fähnchen nehmen und von oben herab in den Mund führen, was so aussieht, als wolle er nach dem Schinken schnappen, der Mund. Freilich sieht das nur so aus und ist nicht wirklich so, weil sich das nicht gehört.

## Wie man's isst: Alternative

Grissini sind lange Knabberstäbchen, die man wie einen Dirigentenstab in die Hand nimmt, um mit der Spitze eine Schinkenscheibe aufzugreifen und um die nämliche, die Spitze, drehend zu wickeln und dann abzubeißen, die schinkenumwickelte Spitze. Und so dreht und wickelt man sich Scheibe um Scheibe, Biß um Biß, bis der Schinken alle und das Grissini aufgeknabbert ist.

65

## Schinken in Brotteig

Als Köstlichkeit für sich sollte man den Brotteig unbedingt versuchen.

Den Schinken im Brotteig zu „backen" hat den Sinn, das Fleisch möglichst saftig zu halten. Der Teil ist also keine als l´art pour l´art mißzuverstehende Verpackung, sondern ein Mittel der Garmethode. Je nachdem, ob kleine Schinken von der Größe eines Kasselers oder großformatige Schinken serviert werden, bleibt der Teig beim Anschnitt erhalten und wird mitserviert. Oder er wird vom Service vom Schinken gelöst und à part daneben serviert. Den Brotteig, der den würzigen Schinkensaft aufgezogen hat, mitzuessen oder nicht, ist jedem selber überlassen. Es spricht nichts dagegen, abgebröckelte Stücke mit der Hand zu greifen und zu essen. Oder, wie sonst beim Brot auch, Messer und Gabel zu benutzen.

**Sie können kaum etwas falsch machen.**

66

## Schnecken

Spätestens seit Julia Roberts in vornehmer Gesellschaft im v Restaurant in hohem Bogen eine Schnecke durchs Lokal schießen ließ, die ihr durch die Schneckenzange entflutscht war, und seit sich weder die vornehme Gesellschaft noch die vornehme Bedienung dadurch irritieren ließen – spätestens seit dieser berühmten Szene aus „Pretty woman" braucht niemand mehr Sorge zu haben, er könne sich beim Schneckenessen ernsthaft blamieren.

## Wie man's serviert

Denn es steht ja alles auf dem Tisch, was wir brauchen:

- das Stövchen, um die Schneckenpfanne heiß zu halten
- die Schneckenzange, um damit die Muschelschale mit Öffnung nach oben greifen und halten zu können
- die Schneckengabel (oder ein Löffel).

## Wie man's isst

An die zerlassene Kräuterbutter macht man sich mit Weißbrot heran und stippt sie auf.

Mit der Schneckenzange holen wir das Weichtier aus seinem Gehäuse und verspeisen es entweder sofort und schlürfen dann die Kräuterbutter unmittelbar aus dem Gehäuse.
Oder wir gießen die Butter über ein Stück Baguette oder Weißbrot auf dem Teller.
Oder man legt das Schneckenfleisch zuerst auf den Teller, gibt die Kräuterbutter aus dem Schneckenhäuschen darüber und verzehrt die Schnecke dann mit dem Löffel.

## Alternative

Noch einfacher geht's, wenn die Schnecken in einer Tongutpfanne serviert werden (das ist das Übliche), in deren vertieften Feldern die Schnecken bereits ausgelöst in der Kräuterbutter liegen. So dargeboten, wird das Fleisch einfach mit der Gabel aufgegriffen und zum Mund geführt.

## Gut zu wissen

Das Fleisch einer guten Schnecke ist gleichzeitig zart und fest im Biß und vermählt sich bestens, wie in unserem Fall beschrieben, mit der Kräuterbutter.

**Es gibt unzählige Rezepte, von denen die allermeisten den Gebrauch des Schneckenbestecks überflüssig machen.**

## Getränke-Tip

Von den Aromen der Zubereitung hängt naturgemäß auch die Weinwahl ab. Zu Schnecken auf Burgunder Art, also in Kräuterbutter, schmecken normalerweise würzige und rassige Weißweine, die nicht im Barrique ausgebaut sein sollten.

67

# Seezunge

Wenn Sie im Restaurant Seezunge bestellen, kommen Sie in aller Regel in überhaupt keine Verlegenheit, wie der Fisch zu essen wäre: er wird Ihnen bereits entgrätet und filiert serviert. Und mit Fischgabel und Fischmesser können Sie sich die Portionen selber mundgerecht fertigmachen.

## Hinweis

Statt des Messers dient heutzutage häufig auch der Gourmet- oder Saucenlöffel, was zwar nicht restlos schicklich, aber eben üblich ist, um die Sauce sofort aufgreifen und mitnehmen zu können.

## Tip

Sollten Sie dennoch eine Seezunge im ganzen bestellen, verfahren Sie wie bei der Forelle (vgl. dort).

## Wie man's isst

Sie können sich eine Butter- oder Kräuter- oder eine Sauce mousseline dazu reichen lassen.

Sie lösen Ober- und Unterflosse vom geputzten und enthäuteten Fisch und legen die Teile auf den Grätenteller. Das obere freiliegende Filet essen Sie dann unmittelbar von der Gräte. Nach seinem Verzehr heben Sie den Grätenstrang mit Kopf vom unterliegenden Filet auf den Abfallteller und haben hoffentlich noch guten Appetit für das zweite Seezungenfilet. Aber wie gesagt, obwohl sie von der Gräte gegessen am besten schmeckt, steht die Seezunge meist als bereits filierte Portion auf der Speisekarte, so daß Sie aller handwerklichen Mühen enthoben sind.

## Vorsicht

Zur Bestellung von Seezungenröllchen oder zu Zöpfen geflochtene Filets ist weniger zu raten. In aller Regel sind das absurdüberflüssige Zubereitungsmanierismen, die eine verdächtige Kreatitis des Küchenchefs unter Beweis stellen wollen.

**Der festfleischigen Saftigkeit des Fischs bekommen allzu viele Mätzchen in den seltensten Fällen.**

## Dazu trinken Sie

Auch Ihrem Weingeschmack möchten wir wieder einmal keine Vorschriften machen. Jedoch sollte Ihnen zu diesem edelsten aller Plattfische auch ein edel-eleganter Weißwein – es sei ein Riesling, Silvaner, Weißburgunder oder Chardonnay – recht sein.

68

# Soufflé

Soufflés können auch beim Könner zu einem unansehnlichen Etwas werden.

Als ein berühmter Restaurantkritiker zu einem berühmten Koch in dessen berühmtes Lokal ging, um eines der berühmten Soufflés zu speisen, hat der berühmte Kritiker eine unrühmlich lange Stunde auf das Dessert warten müssen – weil es dem Koch erst beim dritten Anlauf gelungen war, dieses kostbare Gebilde aus luftigem Nichts an den Tisch zu bringen.

## Wie man's serviert

Der Service stürzt das Soufflé am Beistelltisch aus der Timbaleform auf den Teller, auf dem bereits ein Saucenspiegel angerichtet ist, oder er gibt die Sauce nachträglich um das Soufflé.

## Ihre Ess-Werkzeuge

Dann kann das Naschwerk mit Dessertlöffel und -gabel beginnen. Man sticht mit dem Löffel, oben beginnend, einen Bissen herunter.

**In Wahrheit sinkt und taucht der Löffel wie von selbst in diese zarte Masse von Nichts.**

## Verschämter Hinweis

Das schaumige Erleben im Mund läßt nachgerade erotische Gefühle entstehen, die wir bei dieser Gelegenheit schicklicherweise nicht vertiefend schildern wollen.

# 69

# Spaghetti

**Das Wichtigste beim Spaghettiessen ist die Serviette.**

## Warum eine Serviette?

Wegen der ganz und gar unvermeidlichen Saucenspritzerei. Man stecke sie sich in Hemdkragen oder Bluse und achte im Vorfeld auf ein ausreichend großes Format – Taschentuchgröße hat keinen Zweck.

## Wie man's serviert

Wir gehen davon aus, daß dem Kind im Manne (und in der Frau natürlich) auch heute noch Spaghetti Bolognese am besten schmeckt, mit Tomatensauce und Parmesan also.

## Wie man's isst

Es muss schon fast ein halbes Bettlaken sein, was unsere Garderobe bedeckt.

In Deutschland ist es normal, sie mit Löffel und Gabel zu essen. Die Gabelspitze greift die locker (nicht klebrig) gegarten Spaghetti auf, hebt sie mit nicht allzu lebendigem Schwung (Achtung: es spritzt sonst!) leicht in die Höhe, führt das Aufgegriffene in den Löffel und dreht es dort so lange, bis sich die Nudeln um die Gabel gewickelt haben und konsumabel sind.

## Alternative

Italiener, Könner und Artisten kommen ohne Löffel aus. Sie verrichten das Spiralwerk mit der Gabel am Tellerrand.

## Alternative für die Meisterklasse

Und die ganz Großen ihres Fachs vollführen eine Art Looping in der Luft und spritzen nicht mal dabei.

## Tip

Den Ängstlichen, um auch dies zu erlauben, ist es nicht verboten, die Spaghetti mit dem Löffel (nicht mit dem Messer) zu verkleinern und sie halt mit dem Löffel zu essen. Das hat den Vorteil, daß man von vornherein mehr Sauce mitkriegt.

### Gut zu wissen

Wie beschrieben, verfährt man mit allen Spaghetti-Zubereitungen. Und es gibt ihrer tausende, die wir in ihrer appetitlichen Vielzahl unmöglich alle nennen können. Nur dies noch: Wird Schneidearbeit erforder-lich, bei Scampi etwa, ist der Gebrauch eines Messers nicht zu tadeln.

### Getränke-Tip

Zu Spaghetti trinkt man jahreszeitgemäß, was einem schmeckt. Im Sommer einen spritzigen Pinot grigio. Im Herbst einen fruchtigen Chianti oder Barabresco.

**Hier macht nichts falsch, wer Freude an dem hat, was ihm im Glase blinkt und leuchtet, es sei gelb-gold oder rubinrot.**

70

## Spargel

Spargel ist eine Frühlings- und Frühsommerköstlichkeit.

Spargel sind in der Ikonographie ein höchst beliebtes symbolisches Motiv, von wegen der phallischen Verblümtheit, die sich hinter dieser Sprossenfrucht verbirgt. Von dieser erotischen Bedeutung wollen wir aber nicht weiter sprechen, um dieses Buch nicht als jugendgefährdende Schrift in Verruf zu bringen.

### Gut zu wissen

Was vielleicht noch nicht alle wissen ist, daß es mit den Schrecknissen der Etikette, die früher den Verzehr von Spargel beherrscht haben, ein Ende genommen hat.

## Alte Etikette – moderne Praxis

Das Schrecknis hatte darin bestanden, daß man sich die Spargelstangen von Hand und mit buchstäblicher UnterStützung der Gabel in den Mund zu führen und Biß um Biß herunterzuessen hatte. Wir wollen die umständliche Prozedur, die längst außer Kraft gesetzt und übrigens völlig undamenhaft ist, gar nicht erst umständlich beschreiben.

**Heute ist Spargel-Essen ganz einfach.**

## Wie man's isst

Nebenbei: Ein hochbekömmliches Gericht, leicht verdaulich und ein Schlankmacher.

Der Spargel wird schlicht und ohne jede Ergreifung von Hand mit Messer und Gabel gegessen. Das war's. Und wir könnten das Kapitel beschließen.

Tun wir aber nicht, um noch ganz sicher zu gehen, daß selbstverständlich auch die Spargelstange mundgerecht Stück für Stück verzehrt wird.

Daß man mit dem Saucenlöffel die einzelnen Bissen mit Vinaigrette oder Sauce Hollandaise aufnehmen und essen kann.

Daß man nicht als Kostverächter gilt, wenn man nur die zartsüßen Köpfe ißt.

## Vorsicht

Dies allerdings nur unter Verzicht auf Schinken, Buttersoß' und Wiener- oder Kalbsschnitzel, was allseits beliebte Beilagen sind, über deren Verzicht wir an dieser Stelle nichts Verordnendes oder Gebotenes sagen wollen und können.

## Dazu trinkt man

Fruchtige Rieslinge und Weißburgunder aus Baden seien zur Weinwahl empfohlen. Alternativ zum Silvaner, der üblicherweise zu Spargel getrunken wird.

71

# Suppe

Wenige Suppen sind einen Umweg wert.

(Spezialitäten s. unter: Bouillabaisse, Zwiebelsuppe)
Die meisten deutschen Spitzenköche sind Suppen-Kaspars. Und die wenigsten haben sich ihre Meriten in Gestalt von Michelin-Sternen oder Gault Millau-Hauben damit verdient, Suppen zu köcheln, die einen Umweg wert sind.

## Gut zu wissen

Aber spätestens der größte Feldherr aller Zeiten, dem nicht nur der zweifelhafte Nachruhm widerfährt, das deutsche Autobahnnetz initiiert zu haben, kann sich das nicht minder zweifelhafte Verdienst anrechnen, die Suppe, insonderheit: den Samstagseintopf, in den Rang der Leckerlöffelei – denn ein Leckerbissen ist eine Suppe nun mal nicht – erhoben zu haben.

**Und so singen wir das Hohelied auf den Verzehr von Suppe wie folgt.**

## Wie man's serviert

Suppen, ob mit oder ohne Einlage, werden alternativ in Tellern oder Tassen serviert. Aus beiden Formen wird die Konsumation mit dem Löffel bewerkstelligt, der rechts vom Geschirr liegt.

## Wie man's isst

Man macht den Löffel halb oder zu zwei Dritteln voll. Ganz voll ist nicht gut, weil's sonst auf dem Weg zum Mund zu Überschwappungen kommt, nicht nur, wenn man Schüttelfieber hat. Und zu wenig ist auch nicht richtig, weil man zu wenig zu schmecken kriegt. Die Tugend liegt also auch hier beinah' in der Mitte.
Und diese Mitte ist hilfreich, die Suppe mundwarm zu püsteln, wenn sie zu heiß serviert wird (das ist gesellschaftlich lizenziert, das Püsteln) und man verschnabbert auch nichts so schnell.

# Suppe – vom Eintopf bis zur Ursuppe

*„Jede magere Frau wünscht, fett zu sein." Mit diesem Satz, der heute schockierend wirkt, begann 1825 das Kapitel über Suppen im berühmten Buch „La physiologie du goût" des vielleicht noch berühmteren französischen Kochs Brillat-Savarin.*

*Liegt es allein an dem Schlankheitskult unserer Zeit, daß die Suppe – neben der Sauce zumindest – ein Stiefkind der Haute Cuisine ist? Nein, auch frühere Jahrhunderte haben vergleichsweise wenig berühmte Suppen kreiert. Aus Frankreich kommt die Bohnensuppe Condé (nach einem Feldherrn des 17. Jahrhunderts) und die Bouillon – der berühmteste Vertreter der Familie B. hatte allerdings wohl kaum Gelegenheit, davon zu schlürfen, weil er als Kreuzfahrer mit der Eroberung Jerusalems alle Hände voll zu tun hatte -, aus Italien die Minestrone, aus Rußland der Borschtsch, den Somerset Maugham als einzige Suppe essenswert fand, – und was weiter?*

*Die Aufzählung muß stocken, weil die Grenze zwischen Suppe und Eintopf schon überschritten ist. Natürlich ist eine Suppe nicht dasselbe wie ein Eintopf. Aber es ist sicher kein Zufall, daß fast alle traditionellen Nationalgerichte Eintöpfe sind. Die spanische Olla Potrida ebenso wie die brasilianische Feijoada, der russische Borschtsch wie der skandinavische Labskaus (der nur modernerweise durch ein Spiegelei geziert wird), das Irish Stew, das in vielen Variationen gekochte orientalische Hammelpilaw ebenso wie unsere Pichelsteiner, Schlesisches Himmelreich, Westfälisches Blindhuhn, und so weiter.*

*Bis tief ins 19. Jahrhundert hinein waren Suppe und Brei Grundnahrungsmittel – nicht das gebackene Brot, das war viel zu teuer. Sprichwörtlich wurde die Rumford-Suppe des englischen Physikers Rumford, die viel Nährwert zu niedrigem Preis bot.*

*Denken Sie nur an das Stichwort Linsengericht! Na, wem dämmert's? Richtig, die Geschichte aus der Bibel! Stammvater Jakob handelte seinem älteren Zwillingsbruder Esau das Erstgeburtsrecht ab, als Esau hungrig von der Jagd kam: der Preis war ein Linsengericht, das der kochkundige Jakob gerade fertiggegart hatte. Esau konnte dem Duft nicht widerstehen. Ja, groß ist die Macht der Köche! Ich gestehe, daß ich in der Religionsstunde immer auf der Seite des hungrigen und kopflosen Esau war und nicht auf der des listigen Jakob. Obwohl, wie man zu lernen hatte, gerade er der Auserwählte war.*

*Da wir schon bei höheren Gewalten und kosmischen Größen sind – die Ursuppe gehört seit Jahrzehnten zu den – wenn man so sagen darf: festen – Bestandteilen des Weltbildes all der Naturwissenschaftler, die sich mit der Entstehung unseres Weltalls beschäftigen.*

*Grob und simpel gesagt, stellt man es sich heute so vor: Im Anfang war die er-*

*wähnte Ursuppe, noch nicht Materie, noch gar nichts sozusagen, sondern einfach nur die Möglichkeit, das alles zu werden. Dann geschah der Urknall. Wie soll man sich den vorstellen? Ich habe es mir so zurechtgelegt, als sei damals von dem Mixer, in dem die Ursuppe püriert werden sollte, urplötzlich der Deckel abgeflogen. Was geschieht? Die Suppe spritzt in die Gegend. Und wie sie sich in Ihrer Küche an den Wänden niederschlagen würde, als Spritzer und Klümpchen, die Sie in langer Geduldsarbeit entfernen müßten – so ähnlich, stellt man sich vor, hat die Ursuppe sich nun niedergeschlagen.*

*Und aus irgendeinem Klümpchen und Spritzer dieser Ursuppe sind dann wir entstanden. Unsere Galaxie, unsere Milchstraße, unsere Erde. Und schließlich auch Sie und ich und alles, was wir essen. Guten Appetit!*

## Hinweis

Bei klaren Brühen ist es nicht gegen die Sitte, der schieren Flüssigkeit durch Brotzufuhr zu etwas Biß und Konsistenz zu verhelfen. Am schicklichsten, indem man Brotstückchen einer verzehrbaren Größenordnung unmittelbar in die Suppe gibt.

**Bei Suppen mit unhandlichen Einlagen – langen Fadennudeln etwa – darf man sich mit der Gabel weiterhelfen und alles Unhandliche handlich auf den Löffel bugsieren.**

## Was sagt die Etikette?

Man führt niemals den Kopf hinab zum Löffel.

Wenn eine Suppe gut schmeckt, kann man von ihr, wie von allem, was gut schmeckt, nicht genug bekommen und will auch noch am letzten Tröpfchen Brühe seinen Genuß haben. Das ist so weit statthaft. Statthaft ist es auch, sich zu diesem Zweck bei Suppentassen des Henkels zu bedienen, die Tasse zum Mund zu führen und die letzten Schlucke auszutrinken.

## Aber:

Nicht statthaft ist es, wird die Suppe im Teller gereicht, den Teller in der Halbdiagonalen zu sich hinzubeugen und den zusammenlaufenden Rest aufzulöffeln. Vielmehr beugt man den Teller von sich weg und löffelt sodann, es sieht viel eleganter aus.

## Noch eine Bitte des Verfassers

Welcher geneigte Leser auf irgendeiner Speisekarte irgendeine Suppe entdeckt, die einen Umweg lohnt, der gebe freundlicherweise einen Hinweis – bei der nächsten Auflage ändern wir dann die Einleitung.

## Dazu trinken?

Ein wahrhaft überflüssiger Nachtrag: der Getränketip ist nicht vergessen. Nur halten wir Suppen für so flüssig, daß niemand dazu noch etwas trinken muß.

72

# Tatar

Ob man im Zuge der Schreckensnachrichten, die uns über Rinderwahnsinn aus England erreichen und über Kindertodesfälle infolge des Genusses von virusgeschädigtem Rohfleisch in nicht durchgebratenen Frikadellen – ob man da noch zum Verzehr von rohem Fleisch raten kann, muß man sich ernstlich überlegen.

## Ein wichtiger Tip

Wenn's nicht die Personen sind – Metzger oder Gastronom -, deren Bonität für einwandfreie Basisprodukte bürgt, dann lassen Sie sich in der Metzgerei oder im Restaurant den Nachweis bringen, daß Sie es mit herkunftsgesichertem Schweine- oder Rindfleisch zu tun haben.

## Wie man's isst

Tatar essen ist keine Kunst.

Ein nach allen Regeln der Kalten-Küche-Kunst zubereitetes Tatar essen Sie einfach mit Messer und Gabel. Wer ein Brot dazu ißt, bricht es sich ab und schiebt es, das ist erlaubt, nachträglich in den Mund. Wer Tatar als Brotbelag mag, verfährt, wie im Kapitel Brot beschrieben.

**Am besten schmeckt ein frisch gezapftes Bier und ein Wodka dazu.**

73

# Taube

Immer wenn er schwach ist, wird dem kleinen Hanno zur Restauration verschrieben, was der Haus-Medicus zu allen Zeiten allen Generationen der Buddenbrooks verschrieben hat, wenn sie kränkelten: ein wenig Taube und Franzbrot. Nicht rezeptpflichtig. Und deswegen natürlich von keiner Kasse übernommen.

## Gut zu wissen?

Der Genuss einer Taube kann grosses Geniesser-glück bescheren.

Übrigens dürfen wir von der Tauglichkeit des Rezepts – so wohlmeinend, weil wohlschmeckend, es auch gemeint war – durchaus nicht überzeugt sein: Die meisten Protagonisten überleben den Debütroman des jungen Thomas Mann nicht, der seinem Autor 1929 immerhin den Nobelpreis und spätestens damit Weltruhm eintrug.

## Wie man's isst

Dagegen ist uns nicht bekannt, ob irgendein Taubengericht irgendeinem Gastronom zu vergleichbaren Weltruhm verholfen hat, was wir sehr bedauerlich finden.

**Wie es um ihren Verzehr bestellt ist, erschließe man sich anatomie-analog aus dem Stichwort Geflügel, das alle notwendigen Angaben enthält.**

## Getränke-Tip

Zum Fleisch der Taube wollen, je nach Zubereitung, gehaltvolle Weißweine ebenso passen wie zarte Rote, was wir absichtsvoll in dieser unpräzisen Ungefährheit stehenlassen, um einmal mehr die sensorische Spannbreite anzugeben, innerhalb derer der individuelle Geschmack wählen kann.

74

# Wachtel

Vielleicht weil sie zur kleinsten Gattung der Feldhühner gehört, hat die Wachtel als selbständiger Hauptgang keine Chance auf der Speisekarte in den Feinschmeckerrestaurants.

## Vorsicht

Wachtelsalate sind Standards in Restaurants, die auf sich halten.

Statt dessen findet man sie als fleischliche Beilage auf sogenannten Feinschmeckersalaten, wo sie Zeugnis von maximaler Einfallslosigkeit gibt: Ein Wachtelsalat ist nicht viel origineller als ein Lachs-Canapé, mit dem es gleichwohl eine maximale Beliebtheit teilt.

## Wie man's isst

Wir wollen aber nicht lästern, sondern finden gut, daß es solche Standards auch als Beginner-Übung für Gourmet-Anfänger gibt. Wie man die Wachtel ißt, leitet man leicht aus dem Abschnitt über Geflügel ab. Die Keulchen, um nur dies zu sagen, führt man mit der Hand zum Mund und beißt herzhaft hinein.

**Wer aromatische Erwartungen an das Vögelchen stellt, der schraube sie nicht zu hoch.**

## Gut zu wissen

Bei uns ist die Wachteljagd verboten, es kommt fast ausschließlich Zuchtware auf den Teller, die sensorisch selten von wirklichem Aufmerksamkeitswert ist.

## Getränke-Tip

Gerät man aber an ein geschmackvolles Tier, aus ausländischer Wildjagd möglicherweise, ist man mit kräftigen Weißburgundern als Weinbegleitung ebenso gut beraten wie mit einem Lemberger oder einer Spätburgunder-Spätlese, wenn die Wachtel in mittelschweren oder kräftigen Saucen serviert wird.

# Über Wein

*Ein berühmtes Diktum von Nietzsche variierend, wonach ein Leben ohne Musik ein Irrtum sei, sagen wir: Ein Tag ohne Wein ist ein Irrtum.*

*Nun mögen, bitte, die Mediziner und Anti-Alkoholiker unter den Lesern sogleich beruhigt sein: Ich rede keinem Säufertum das Wort, sondern wissendem und bewußtem Genuß. Und das bedeutet immer auch: Maß. Genießer sind keine hemmungslosen Trinker und Zecher. Und das täglich genossene Glas Wein ist – von individuellen Unverträglichkeiten einmal abgesehen – wahrscheinlich kein Schaden.*
*Zu gutem Essen gehört guter Wein. Und die Frage, was gut ist, entscheidet nicht der Preis, sondern allein die Qualität. Und was Qualität ist, darüber entscheidet nicht zuletzt: der eigene Geschmack. Keine vom Weinjournalismus erstellte Hitliste kann Ihnen befehlen, Chateau Pétrus, Chambertin oder Mouton Rothschild für großartig zu halten, nur weil die Weine berühmt und teuer sind.*
*Man sei als „vinologischer" Dilettant nicht bange vor den Kennern, die schließlich auch einmal als Dilettanten begonnen haben, sich mit Wein zu befassen. Übrigens ist der Dilettant, wörtlich übersetzt, ein Liebhaber. Und wer Wein lieb hat, wird Schluck um Schluck ertrinken, was Qualität ist.*

*Die Gabe der Unterscheidung wird einem freilich weder vom Wein- noch vom Heiligen Geist eingeflößt. Der Weg vom Dilettantismus zur Kennerschaft wird vielmehr von der klassischen Einsicht bestimmt, daß Probieren über Studieren geht. Das läßt sich mindestens auf drei Weisen organisieren: im eigenen Zuhause, im Restaurant, auf dem Weingut. Nicht zu vergessen, die Weinproben, zu denen große und kleine Weinhandelshäuser regelmäßig einladen.*
*Für die Bestückung des eigenen Weinkellers berate man sich als Anfänger mit einem Weinhändler, dem man vertraut. Auch wenn's Ihnen übertrieben vorkommt: Weinberatung ist wie die Vermögensberatung Vertrauenssache. Ihr Ansprechpartner muß sensibel sein für Ihre persönlichen Vorlieben, also welchem Anbaugebiet, welchem Erzeuger und welcher Rebsorte Sie den Vorzug geben. Den idealen Einstieg gibt es nicht. Ein anerkannt großer Wein kann das Aha-Erlebnis ebenso auslösen wie der veredelte Saft eines mittleren oder kleinen Gewächs – Sie werden es selber schmecken.*

*Am besten probiert man natürlich nicht allein, sondern in Gesellschaft, um Erfahrungen und Eindrücke austauschen zu können. Bei dieser Gelegenheit nochmals zwei bewährte Ratschläge: Erstens: Trauen Sie Ihrem eigenen Urteil, das vielleicht der landläufigen Meinung widersprechen mag, das aber eben Ihr Urteil ist. Zweitens: Trinken Sie keine Etiketten. Berühmte Namen verführen zum mentalen Knie-*

*fall, und es schmeckt einem gleich doppelt gut, weil die bloße Nennung von Lafitte oder Ausone ehrfurchtsvolle Andachtsstille auslöst.*
*Wenn denn ein praktischer Tip zu geben ist, sofern Sie sich systematisch eintrinken wollen: beginnen Sie ruhig mit deutschen Weinen der verschiedenen Anbaugebiete zwischen Rheingau und Südbaden, lernen Sie die verschiedenen Rebsorten kennen, vom knackig-rassigen Riesling bis zum fruchtigen Spätburgunder, vom leichten Kabinett-Wein für den Alltag bis zur reifen Spät- und Auslese fürs erlesene Menü. Entdecken Sie, daß „trocken" nicht sauer bedeutet und „süß" nicht Trinkmarmelade bezeichnet.*
*Im ambitionierten Restaurant mit ambitionierter Weinkarte geht der Sommelier, der Weinkellner, mit Ihnen auf Entdeckungsreise. Sagen Sie ihm, welche Geschmacksrichtigung Sie bevorzugen, welche Preisklasse Sie sich vorstellen und lassen Sie sich von ihm beraten. Und sprechen Sie später mit ihm, wie Ihnen der Wein gefällt. Da sich über Geschmack nicht streiten läßt, wird es bestimmt ein interessanter Austausch.*

*Am besten lernt man die Weine dort kennen, wo sie wachsen. Man genießt die Weine viel bewußter, wenn man weiß, wie die Weinlandschaft aussieht und wer der Mann ist, der die Weine macht: der Winzer. Die meisten Winzer dieser Weinwelt freuen sich über Besuch. Natürlich auch, weil sie Aussicht auf Verkauf haben (Achtung: nicht jedes Weingut ist unbedingt Selbstvermarkter). Aber vor allem, weil sie mit Vaterstolz ihre Erzeugnisse präsentieren können.*
*Wenn auch Probieren über Studieren geht, so bedeutet das noch nicht, man könne Weine nicht eben auch studieren, sich also theoretisch mit ihnen beschäftigen. Die einschlägige Literatur dürfte inzwischen auch für den Kenner unübersehbar groß angeschwollen sein. Mit dem wilden Mut zur Lücke an dieser Stelle daher eine einzige Empfehlung: Kaufen Sie sich von Michael Broadbent „Weine prüfen, kennen, genießen", das übrigens auch ein Kapitel über Weineinkauf enthält. Michael Broadbent ist der wahrscheinlich bekannteste und angesehenste Weinauktionator dieser Welt (bei Christie's). Und er verbreitet seine schier unermeßliche Erfahrung mit typisch britischem „understatement": Seite um Seite erschließt er dem Leser, wie man sich das gründliche Kennenlernen und Studieren von Weinen möglich macht, ohne über der Kennerschaft Lust und Genuß zu kurz kommen zu lassen.*

*Eines bleibt zum Schluß, was man dem Abenteurer in Sachen Wein nur wünschen kann: nie ans Ziel der Entdeckungsreise zu gelangen – dafür ist die Welt des Weins zu groß, zu reich, zu schön.*

75

# Weisswurst

Nicht einmal in Bayern gibt es verbindliche Auskunft darüber, wie man eine Weisswurst isst.

Es gibt nichts Gewisses. Und nicht einmal die für Volksglauben gehaltene Regel, die Weißwurst dürfe das Mittagsläuten nicht hören, d.h. müsse vor zwölf Uhr verspeist werden, ist von allgemeingültigem Charakter.

**Ein Vorschlag zur Güte, an dem man sich halten mag oder nicht.**

## Wie man's isst

Die Wurst in ihrer Breite teilen, die Pelle beider Teile an der Längsseite bis zum jeweiligen Wurstende – deren bekanntlich ja nur die Wurst zweie hat – anritzen, mit der Krummseite der Gabel die angeritzte Haut halten und die Wurstfüllung mit dem Messer im Schiebeverfahren ablösen.

## Hinweis

Nicht verzweifeln, wenn es nicht auf Anhieb gelingt. Lieber die nächsten Würste nachbestellen, um zu üben.

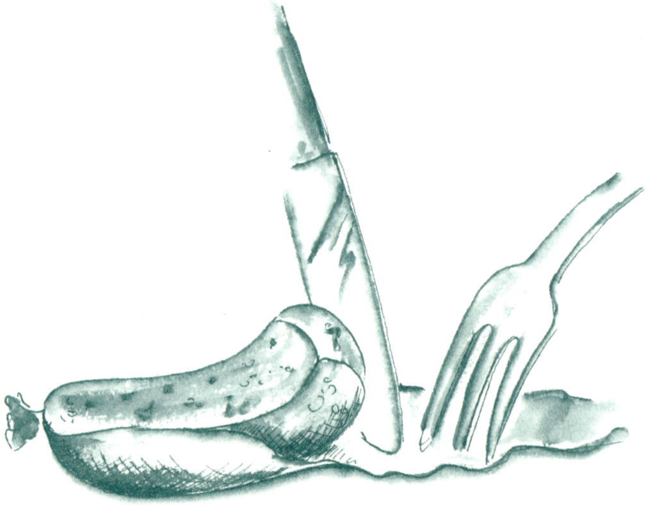

## Alternative für Mutige

Wie beschrieben, ist dies Verfahren weder das einzige noch ist es gar urbayerisch. Der Ur-Bayer, wie ihn sich der Nicht-Bayer populistischerweise vorstellt, lutscht die Weißwurst aus. Aber wie er das anstellt, das ist nicht zu beschreiben. Sondern das sehe man sich an Ort und Stelle an.

## Dazu muss man was trinken!

Daß zur Weißwurst eine Brezn, süßer Senf und ein Bier gehören, darf in diesem Zusammenhang als die am wenigsten strittige Empfehlung gelten.

# Zigarre

Es folgt nun keine Anleitung, wie man eine Zigarre raucht, weil dies das Thema dieses Büchleins verfehlen hieße. Es folgt lediglich eine Bitte.

## Nichts gegen Raucher, aber...

Das Rauchen einer Zigarre kann ein großer, kann ein ganz großer Genuß sein. Heben Sie sich diesen Genuß im Restaurant lustvoll verzögernd auf, bis die meisten Gäste ihr Hauptgericht bekommen haben.

## ...andere können darunter leiden

Unvermeidlicherweise ist es nun mal so, daß Zigarrenrauch oder auch der Rauch parfümierter Tabake die geruchliche Sensorik beeinträchtigt. Wenn am Nachbartisch eine Zigarre geraucht wird, ist es am eigenen Tisch fast unmöglich, den Wein noch sauber zu riechen.

## Wie stellt man's an?

Daher gilt es unter Menschenfreunden und Genießern längst als ungeschriebenes Gesetz, mit der Zigarre schonend und rücksichtsvoll bis zum Kaffee und Digestif zu warten, um sie sich dann um so besser schmecken zu lassen.

# 76

# Zwiebelkuchen

Zwiebelkuchen, Flammkuchen und Quiche Lorraine – idealerweise haben all diese Kuchen den Durchschnitt eines normalen Eßtellers, einen hochdünn-kroß gebackenen Boden und einen flachen Belag.

## Wie man's isst

Diese Zubereitung gestattet es, die handlichen Einzel-Stücke bequem in die Finger zu nehmen und zu verputzen – vorn von der Spitze bis zum Rand. Im Stehen, beim Apéritif zum Beispiel.

## Alternative, leider

Erreichen die Stücke aber die stattlichen Ausmaße unserer in Cafés und Konditoreien üblichen Apfel- oder Käsekuchen, bleibt einem nichts übrig, als sie mit Kuchengabel und -löffel vom Dessertteller zu essen.

**Das macht ungleich viel weniger Spaß als der Genuß auf der Faust.**

## Getränke-Tip

Das sind diese appetitlichen Nettigkeiten, die man mit der Hand isst.

Durstlöschende, fruchtige Rieslinge oder Silvaner oder auch ein süffiger Rosé bieten sich für den Zwiebelkuchen an. Zu Flammkuchen hat uns einmal ganz vortrefflich ein Apfelmost geschmeckt. Zu Quiche probiere man es mit einem Crémant, Vouvray oder, warum denn nicht, mit einem kleineren Meursault.

77

# Zwiebelsuppe

Sich an einer Zwiebelsuppe zu stärken ist nicht viel schwieriger, als eine klare Brühe oder eine Kartoffelcremesuppe zu essen.

## Vorsicht

Schwierig kann es allenfalls werden, wenn der geröstete Toast, der auf der Suppe schwimmt, mit Käse gratiniert wurde. Das gibt dem Brot eine Beschaffenheit, die von gummiartig bis hartkäsig reicht – und damit muß man einmal fertig werden. Ist aber auch nicht so schlimm.

## Wie man's isst

Man muss nur Obacht geben, dass nichts überschwappt.

Mit dem Rand des Suppenlöffels oder – je nach Härtegrad – auch mit einer kleinen Gabel schneidet bzw. teilt man das Gratin und drückt sich am Rand des Tassenrands ein mundgerechtes Stück zurecht. Wie man es übrigens auch mit Flädle oder Nudeleinlagen macht, die einem zu lang sind: Flädle, Nudeln oder, wie in unserem Fall, das käseüberbackene Brot mit dem Eßbesteck am Tellerrand zerdrücken.

## Hinweis

Und wenn sich die Zwiebeljulienne als hartnäckig erweisen und durchaus keinen Platz finden im Löffel und herüberhängen, dann stupft man sie sich mit der Gabel einfach verzehrgerecht zurecht.

**Überhängende verbliebene Käsefäden werden per Löffeldrehung umgewickelt und verspeist.**

# GLOSSAR

**Abschmälzen**

Gegarte Speisen, besonders Teigwaren (Nudeln) mit geklärter heißer Butter übergießen. Einer der populärsten schwäbischen Regional-Klassiker: geschmälzte Maultaschen

**Abschrecken**

Plötzliches Abkühlen mit Eis oder kaltem Wasser, um einen Garprozeß abzubrechen. Im Haushalts-Alltag: das Abschrecken von gekochten Eiern unter fließend kaltem Wasser.

**à point**

bezeichnet einen Garzustand von Fisch, Fleisch, Gemüse, Teigwaren, der idealerweise zwischen den Extremen „roh" und „über"- oder „durchgegart" liegt. Die Umgangssprache behilft sich mit Begriffen wie „al dente" oder „Biß", um den optimalen Garungsgrad von Gemüse oder Nudeln zu kennzeichnen. Im Restaurant bezeichnet „à point" rosa gebratenes Fleisch.

**Apéritif**

Der Einstimmungsdrink vor dem Essen. Die klassischen Wermuts (Martini oder Campari) machen die gastrische Verfassung empfangsbereit für die Nahrungsaufnahme. Gesellschaftlich hat sich der Champagner durchgesetzt und dadurch andere Aperitif-Möglichkeiten fast außer Gefecht gesetzt. Muskateller oder Kir etwa gehören zu den verdrängten Klassikern, während sich Sherry in seiner aromatischen Breite seinen Stellenwert erhalten hat. Süße Apéritifs (Port, Madeira, Sherry) sind nach wie vor bei der holden Weiblichkeit beliebt, machen es u.U. aber dem ersten Schluck trockenen Weins schwer zu gefallen. Und gegen den großen Durst ist nach wie vor ein frisch gezapftes Pils der beste Apéritif.

**Auslösen**

Das Entfernen der Knochen von Fleisch oder Geflügel.

**Aspik**
Gelierte Fleischbrühe, in die Fleisch- und/oder Gemüsestücke eingelassen wurden.

**Bardieren**
Mit Speck umwickeln, umbinden oder belegen. Verlangt viel Sensibilität des Kochs, denn der Eigengeschmack eines Produkts (z.B. Wild, sogar Fisch: Zander, Lachs) soll durch den Speck nicht überlagert werden. Als sekundierendes Aroma aber kann das Bardieren dem Gericht zu einem interessanten geschmacklichen Raffinement verhelfen.

**bien cuit**
Durchgegart. Zur Hoch-Zeit der Nouvelle cuisine (vgl. dort) zu Unrecht in Verruf geratene Garmethode, die heute zumindest bei Fleischgerichten eine Renaissance erfährt, da vom Genuß von rohem oder halbrohem Fleisch oft abgeraten wird. Durchgegarte Gemüse hingegen, dieses Wissen ist heute Allgemeingut, verlieren an Nährwert und Vitamingehalt.

**Blanchieren**
Abbrühen von Produkten in kochendem Wasser, um sie für die Weiterverarbeitung vorzubereiten.

**bleu**
bezeichnet extrem kurz und scharf angebratenes Fleisch, das fast roh (blutig-tiefrot, violettblau) verzehrt wird. Ein heute nicht unbedenklicher Garzustand, den man sich nur bei Fleisch von einwandfreier Herkunft und allererster Qualität leisten kann.

**Blini**
Pfannküchlein aus Buchweizen, die vorzugsweise zu Kaviar oder Lachs gereicht werden.

**Blondieren**
In Butter bräunen

**Bouquet garni**
Kräuter- und Gemüsebündel, z.B. aus Lauch, Sellerie, Petersilie, Thymian, Lorbeer, die zum Ansetzen von Brühen oder Saucen gebraucht werden. Auf den meisten Märkten sind sie fertig zusammengestellt zu bekommen.

**Braisieren**
Schmoren. Im Zuge der neuen Deftigkeit eine wiederbelebte und wieder beliebte Garmethode, die das Aroma einer bestimmten Fleischsorte optimal zur Geltung bringt: geschmorte Rinderschulter oder geschmorte Lammkeule.

**Brunoise**
Feinwürflig geschnittene Gemüse in Saucen oder Suppen.

**Café de Paris**
Ein berühmtes Restaurant gegenüber dem Hotel de Paris in Monte Carlo. Und eine nicht minder berühmte Kräuterbutter, die auch als Sauce serviert werden kann.

**Chartreuse**
Genaugenommen ein Gänselebergericht in Becherform, das mit ausgestochenen Gemüsen, einem Palisadenzaun gleich, verziert ist. Die optische Ausgestaltung des Rezepts wird heute gern in einer Art verspieltem Manierismus auch auf andere Vorspeisen oder Desserts übertragen: Chartreuse von Lammfilets oder Chartreuse von Erdbeeren.

**Chesterschnitten**
Beliebte Schicht-Beigabe zu Austern aus alternierenden Vollkornbrot- oder Pumpernickel- und Chesterkäsescheiben.

**Cocktailsauce**
Keine verbindlich rezeptierte, sondern nur der aromatischen Phantasie des Kochs verpflichtete Sauce aus diversen Kräuter- und Aromenmischungen.

**Consommé**
Klare, fettlose Kraftbrühe, die den Appetit anregt, ohne den Magen zu belasten. Ein ideales, das Katerfrühstück begleitendes Getränk.

**Coulis**
Gerührte und passierte Sauce, die noch Anteile des schieren Produkts enthält: Tomatencoulis Stücke vom Tomatenfleisch, Orangencoulis Stücke von Orangen usw.

**Daube**
Kein Rechtschreibfehler, bei dem Daube zu Taube verbessert werden müßte, sondern die Bezeichnung der Garmethode beim Dämpfen und Dünsten, was bekanntlich eine schonende und nährwerterhaltende Zubereitung von Fisch, Fleisch und Gemüse ist.

**Dekantieren**
Die Lehrbücher beschreiben es als Vorgang, bei dem eine Flüssigkeit sorgfältig abgegossen wird, damit der Satz zurückbleibt. Mit der Flüssigkeit ist Wein, meist Rotwein, gemeint, der von der Flasche in eine spezielle Karaffe umgegossen wird. Das geschieht über der Flamme einer Kerze, damit man im Flaschenhals sehen kann, ob – besonders ältere – Weine ein sogenanntes „Depot" gebildet haben, das nicht mitdekantiert wird. Es lohnt sich, auch jüngere Rotweine zu dekantieren, selbst wenn sie noch kein Depot bilden konnten: Die Sauerstoffzufuhr läßt den Wein besser atmen und besonders tanninbetonte Weine (vgl. Tannin), die anfangs adstringierend wirken können (also so, daß sich einem der Gaumen zusammenzieht) öffnen sich schneller.
Nirgendwo ist verboten, daß man Weißweine dekantiert. Es ist aber, weil sie eine andere Säurestruktur als Rotweine haben, meistens nicht nötig. Weißweine, die im kleinen Eichenholzfaß (Barrique) gelagert wurden und noch jung sind, gießt man sinnvollerweise ebenfalls in eine Karaffe: das mildert den Holzton, der vor allem bei jungen Weinen von ein oder zwei Jahren dominant oder sogar aggressiv sein kann.

**Digestif**

Er beschließt das Mahl und soll die Verdauung anregen. Cognacs, Armagnacs, Obstgeiste, Aquavits und Kräuterliköre sind klassische Digestifs von unterschiedlicher Verläßlichkeit, was ihre Bestimmung angeht, als „Verteilerle" im Magen zu wirken. Zu den nicht-alkoholischen Klassikern gehört der in Deutschland nicht populäre, aber sehr gesunde und hilfreiche Verveine, der Eisenkrauttee.

**Douceur**

Bezeichnet die unaufdringliche zarte Süße, wie man sie von Erbsen oder ganz frischen Jakobsmuscheln kennt.

**Dressing**

Der Oberbegriff für gerührte kalte Salatsaucen, im Gegensatz zu den „Relishes", die gekocht werden. Zu den bekanntesten Relishes gehört die Worcestersauce.

**Duxelles**

Kleingehackte Pilze, die gewürzt und mit Schalottenwürfeln in Butter angeschwitzt werden.

**Entrée**

Eigentlich ein architektonischer Begriff für den Eingangsbereich, in der Gastronomie jedoch der Name für das Zwischengericht (aber nicht die Eingangsvorspeise, die mit Hors d'oeuvre betitelt ist).

**Essenz**

Steigerung der Consommé: eine stark eingekochte Kraftbrühe, die als Beef-Tea in jeder erstklassigen Bar zu haben ist – nach durchzechten Nächten eine Wohltat.

**Farce**

Bezeichnet im Küchen-Französisch eine feine Füllung für Fisch, Fleisch, Geflügel und vor allem Pasteten.

**Filieren/Filetieren**

Beide Ausdrücke sind vom Duden gebilligt. Sie bezeichnen das Lösen oder Schneiden der Filets von Fisch oder Fleisch von Gräte oder Knochen. Es sei aber daran erinnert, daß sich der wahre Geschmack oft erst am Knochen entfaltet, weshalb es sich allemal lohnt, Geflügelfleisch oder ein Lammkotelett unmittelbar vom Knochen zu essen.

**Fines herbes**

Nicht nur auf französischen Speisekarten ein stehender Begriff für feine Kräuter: ein Signal, daß den Genießer eine wahre „Aromen-Lust" erwartet.

**Fleurons**

Dekorative Beilage auf dem Teller in Gestalt von z.B. Blätterteig-Halbmonden oder -Dreiecken. Daß diese Form des Tellerschmucks der „dernier cri" gastronomischer Originalität ist, wird gewiß niemand behaupten.

**Fond**

Grundbrühe für Suppen und Saucen. Eine beim Garen von Fisch oder Fleisch entstehende Flüssigkeit, die neben dem Geschmack des Produkts die Aromen der mitgegarten Dinge angenommen hat: Kräuter, Knochen, Karkassen etc.

**Fricassé**

Gewürfeltes, meist helles Fleisch (Kalb, Geflügel), das in einer hellen Sauce auf der Basis des eigenen Fonds serviert wird.

**Galantine**

Ein der Pastete vergleichbares Gericht, dessen Mantel nicht von einem Teig, sondern aus Fleisch gebildet wird.

**Gratinieren**

Überkrusten eines Gerichts bei starker Oberhitze.

**Haché**

Tatar, Frikadellen, Hamburger – alles Hachés, Gehacktes also, wobei der Zerkleinerungsvorgang nicht auf Fleisch beschränkt sein muß.

**Hors d'oeuvre**

Vorspeise. Auftakt jedes guten und großen Menüs. Hier kann jeder Koch zu Hochform auflaufen und mit Salaten, Terrinen, Cassoulets, Gratins, Soufflés, Carpaccio etc. handwerkliche Meisterschaft und phantasievolle Originalität unter Beweis stellen. Es gibt nicht wenige Feinschmecker, die sich ihr Menü ausschließlich aus Vorspeisen, meist kalten und warmen, zusammenstellen, weil die Größe der Portionen und die abwechslungsreiche Vielfalt es erlauben, ein breites Spektrum der Küchenkunst kennenzulernen.

**Jus**

vgl. Fond

**Julienne**

Ein Produkt, z.B. Gemüse, in feine Streifen geschnitten.

**Karkasse**

Bezeichnet u.a. das Gerippe von Krustentieren, das zur Intensivierung des Aromas in jedem Fond von Krustentieren mitgegart wird.

**Maître d'hotel**

Eine heute kaum noch in Gebrauch befindliche Bezeichnung für den Restaurantleiter.

**Marinade/Marinieren**

Das Marinieren (Beizen) kann unterschiedliche Ziele haben. Das Einlegen eines Produkts in eine aromenhaltige Flüssigkeit kann der Unterstützung des Eigengeschmacks dienen, kann kurzfristig auch konservierenden Charakter haben oder auch die Konsistenz beeinflussen: also z.B. Fleisch zarter machen.

**Marmité**
Mit diesem Ausdruck kann glänzen, wer einen schlichten Suppeneintopf zumindest formal adeln will.

**Mazerieren**
Das bekannteste Ergebnis dieses Vorgangs kommt als Rumtopf auf den Tisch, wenn die eingelegten Früchte Rum gezogen haben. Unabhängig davon, in welchen Alkohol die Früchte eingelegt werden, wird es mazerieren genannt.

**Medium**
Hier nicht im spiritistischen Sinne, sondern als Garzustand zu verstehen. Vgl. auch à point.

**Mie de pain**
Das sind feingeriebene Weißbrotkrumen, die als Gratin auf Fisch oder Fleisch eine aparte Oberflächenkonsistenz bewirken.

**Mirepoix**
Gut gemacht kann ein Mirepoix, Röstgemüse, von der bloßen Beigabe zum selbständigen Zwischen- oder gar Hauptgericht avancieren, dessen Aromenreichtum so befriedigt, daß man weder eine Sättigungsbeilage noch Fisch oder Fleisch vermißt.

**Mise en place**
Damit sind die Vorbereitungsarbeiten gemeint, die Küche und Service leisten, ehe sich ein Restaurant seinen Gästen empfangsbereit präsentiert. Gemüse putzen, Saucen ansetzen, Fleisch parieren, Gläser polieren, Servietten falten, Besteck blankreiben – dies und vieles mehr gehört zu den Arbeiten, von denen kein Gast etwas sieht, aber ohne die sich der Vorhang über der großen „gastronomischen Oper" nicht heben kann.

**Montieren**
Was so gewaltig klingt, ist jeder Hausfrau und jedem Hausmann geläufig: Eine Sauce mit Butter zu verrühren, Eiweiß zu Schnee

schlagen – dergleichen bezeichnet man mit dem großem Wort: montieren.

**Navarin**

Als Schmorgericht eine Variation aufs Ragout, speziell aufs Hammelragout.

**Nappieren**

Wenn Sie Ihr saftiges Steak mit einer Sauce Hollandaise übergießen, dann waren Sie mit Nappieren beschäftigt. Nappieren bedeutet aber nicht nur übergießen, sondern auch überziehen oder überstreichen.

**Nouvelle cuisine**

Sie war der Aus- und Aufbruch der gastronomischen Revolution, die Mitte der 70er Jahre von Frankreich auf Deutschland übergriff. Paul Bocuse hat die Nouvelle cuisine beinahe buchstäblich in aller Munde gebracht, in seinen Ideen unterstützt vom gastronomisch befaßten Journalismus, der in Christian Millau und Henry Gault die bekanntesten Restaurantkritiker hervorgebracht hat. Marktfrischer, saisonaler Einkauf, à-la-minute-Zubereitung der Produkte, die Verbannung aller Dosen und Konserven aus der Küche, eine vitaminschonenende und nährwerterhaltende Zubereitung, die Verfeinerung der Rezepte, ihre optisch attraktive Umsetzung, Mut zu Phantasie, Entdecker-Neugier auf bislang unbekannte Produkte – all dies prägte die Nouvelle cuisine, die in Deutschland eine kulinarische Blüte ungeahnten Ausmaßes entfaltete. Übertreibungen des halbgaren Kochens, des totalen Pürierens oder in der unsinnigen Kombination miteinander nicht harmonierender Produkte brachten die Nouvelle cuisine in Verruf, wovon sie sich – obwohl in ihren Grundsätzen überzeugend – bis heute nicht restlos erholt hat. Gleichviel, dieser neuen Küche verdanken wir, daß man in Deutschland nie so gut und so abwechslungsreich gegessen hat wie heute.

**Pochieren**
Garvorgang in Flüssigkeit (Wasser, Brühe), ohne daß der Siedepunkt erreicht wird.

**Parfait**
Halbgefrorenes mit einem Mindestanteil von 50% Sahne – Parfaits sind selten Schlankmacher.

**Ragoût**
Von der Grundauffassung, nämlich gewürfeltes Fleisch in einer Sauce anzurichten, dem Fricassé vergleichbar; es kann allerdings auch dunkles Fleisch (Rind, Wild) zum Einsatz kommen. Im Gegensatz zum Navarin wird ein Ragoût gekocht und nicht geschmort.

**Rissolieren**
In Form von Rissolé-Kartoffeln hat der Begriff auch auf deutschen Speisekarten Einzug gehalten. Übersetzt spricht man also von Rösten und Röstkartoffeln.

**Rouille**
Aus Rücksicht auf die Um- und Mitwelt genieße man die Rouille nur in Gesellschaft gleichgesinnter Feinschmecker: dann verbreiten nämlich alle den Knoblauch-Odeur um sich. Genießen aber sollte man sie, diese Knoblauch-Pimentomayonnaise, die zur Bouillabaisse gehört wie der Eiffelturm zu Paris.

**Roux**
In der Nouvelle hat sie ausgedient, die Roux, die gute alte Mehlschwitze, und elegant-opulenten Butter- und Weinsaucen Platz gemacht, die inzwischen aber auch schon von weniger schweren und bekömmlicheren Fonds und Jus fast verdrängt wurden.

**Saignant**
vgl. bleu

**Salamander**
Das Küchengerät zum Gratinieren: Unterm Salamander werden Speisen überbacken.

**Salpicon**
In kleine Würfel geschnittene Pilze, Geflügel, Fleisch etc., die mit einer entsprechend harmonisierenden Sauce gebunden werden.

**Sauce Mousseline**
Eine Ableitung der Sauce Hollandaise, mit Schlagsahne angereichert und flüssiger gemacht.

**Sauce Vinaigrette**
Essig, Öl, Pfeffer, Salz: das reicht für eine Sauce Vinaigrette. An der Qualität von Essig und Öl und dem frisch gemahlenen Pfeffer entscheidet sich allerdings die Frage, ob man eine Tunke ordinärer Beliebigkeit vor sich hat oder eine geschmackvolle Essenz, von der man nicht einen Tropfen auf dem Teller läßt.

**Sautieren**
Rasches Anbraten bei starker Hitze; ein aromenkonzentrierender Gar-Vorgang.

**Sommelier**
Er ist im Restaurant der Herr der Schätze, die im Keller lagern. Er ist der Kundige, der Ihnen sagt, welcher Tropfen am besten zu Ihrem Menü paßt. Er ist die wandelnde Enzyklopädie, was Wein betrifft, und außerdem die Toleranz in Person, weil Ihnen kein Mensch auf dieser Welt befehlen kann, welche Bouteille Ihnen zu schmecken hat und welche nicht. Der Sommelier ist Ihr Weinkellner.

**Sorbet**
Gefrorenes Fruchtmark, das ausschließlich von Läuterzucker und nicht von Ei oder Gelatine gebunden sein sollte. Konzentrierten, erfrischenden Fruchtgenuß bieten klassischerweise Sorbets von

schwarzer Johannisbeere oder Passionsfrucht (Maracuja) – man schmeckt die pure Frucht. Eine Empfehlung: Fruchtige, säurebetonte Sorbets als Zwischengericht vor dem Hauptgang zu löffeln kann den späteren Trink- und Essensgenuß (speziell von Rotwein) ziemlich trüben. Das Geschmacksempfinden ist komplett lahmgelegt und erholt sich nur langsam.

**Suprême**
Ein Superlativ, der das Beste von der Poularde oder anderem Geflügel bezeichnet: die Brust. Der gängigen Definition schließt sich der Autor in diesem Fall nicht vollinhaltlich an, da er nicht die Brust, sondern die Keule für das geschmacklich attraktivste hält. Suprême, das Höchste und Beste, kann sich aber auch auf andere Viktualien beziehen. Wer Suprême vom Lachs bestellt, wird ein besonders zart-saftiges Filetteil erhalten.

**Tannin**
ist der Gerbstoff im Rotwein (bei australischen Weinen auch im Weißwein), der sich im Lauf der Jahre abbaut. Bei jungen Rotweinen überlagert das Tannin oft den Fruchtton, der Wein wirkt „verschlossen" und „zu", was durchs Dekantieren (vgl. dort) gemildert werden kann.

**Timbale**
Eine Becherform, deren Inhalt – Mousse, Pudding etc. – auf den Teller gestürzt wird.

**Tournieren**
Das Zuschneiden und Formen z.B. von Gemüse. Mit dem Tournieren z.B. von Möhren oder Bohnen in Kugeln, Rauten, Rechtecke, Quadrate usw. hat es eine mißverstandene Nouvelle cuisine so weit getrieben, daß wichtige Lebensmittel zur bloßen Dekoration verkamen, ein Mißbrauch, von dem sich die Branche, glücklicherweise, weitgehend verabschiedet hat.

**Tranchieren**
Alles was nicht auf einen Biß verzehrt werden kann, sondern zum Verzehr zerteilt werden muß, wird tranchiert.

**Velouté**
Bezeichnet normalerweise eine Grundsauce auf Mehlbasis. Wer im Restaurant eine Velouté von Geflügel oder Fisch usw. bestellt, erhält ein delikates Crèmesüppchen auf Mehlbasis, was freilich mit einer Roux (vgl. dort) herzlich wenig zu tun hat.

**Well done**
vgl. bien cuit

# Stichwort Verzeichnis